I0155734

Artesanía cetrera,

ayer, hoy y siempre.

Ignacio N. Ayago Trigo

2ª Edición

"La Alcándara"

Centro de cría y artesanía cetrera.

<u>NOTA DEL AUTOR</u>

Con esta edición pretendo llenar de alguna manera el gran vacío existente con respecto a la artesanía para la cetrería, ya que son muchos los tratados que hablan de la práctica de la cetrería, pero son escasos los que tratan el tema de la artesanía.

Este libro va dedicado a todos los nuevos cetreros que quieran adentrarse en el arte de la artesanía cetrera y a los cetreros no tan nuevos que precisen de patrones o de alguna técnica para la elaboración de su propio material. En el interior del libro encontraréis los materiales usados para la confección de los aparejos, herramientas necesarias, técnicas de elaboración, patrones...

ÍNDICE

EQUIPO DE CETRERIA

A continuación os pongo un resumen del equipo e instalaciones básicas para la práctica de la cetrería. Así nos iremos familiarizando y tendremos un primer contacto con los aparejos de cetrería. Deberiamos decidir que aparejos nos haremos nosotros del equipo y por el contrario que compraremos. La satisfacción de hacernos nosotros mismo nuestro equipo nos proporciona un reto personal y un gran orgullo. Empezaremos por conocer un poco los diferentes aparejos.

Equipo básico e instalaciones

– Perchas:

Las perchas se emplean para aves de bajo vuelo, tales como azores, harris, colas rojas... Estos pueden ser de interior (con base) o de exterior (para clavar), de arco o giratorias. Normalmente se suelen hacer de acero inoxidable, ya que estarán mucho tiempo al aire libre. La parte donde irá el ave se forra de astroturf o de cesped artificial para facilitar el agarre del ave.

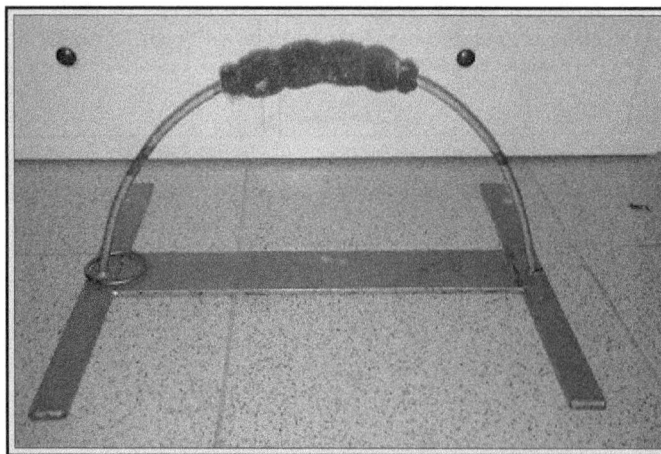

Percha de acero con posadero de cesped.

– **Bancos**:

Es una plataforma normalmente de forma redondeada, que suele estar

forrada de césped artificial, astroturf,

caucho… con el fin de que el ave no sufra

la enfermedad tan común en los halcones

como son los clavos. Estos bancos pueden

ser de interior (con base) o de exterior

(para clavar). Normalmente se suelen

hacer de madera, aunque hoy en dia van

saliendo de otros materiales al mercado

Banco forrado de astroturf.

– **Bancos de pared**:

Suelen tener forma de medio circulo, van acoplados a la pared y

suelen ser los mas utilizados para sitios pequeños o interiores, ya que nos

permite recoger los excrementos del ave con suma facilidad. Se hacen de

madera generalmente. En la base se hace un semicirculo donde pondremos

arenas, piedrecillas etc. para

ayudar la limpieza de los

excrementos, ya que los

halcones no "disparan" sus

excrementos a largas

distancias, si no que lo

hacen en vertical. El

posadero se forra de cesped

o astroturf.

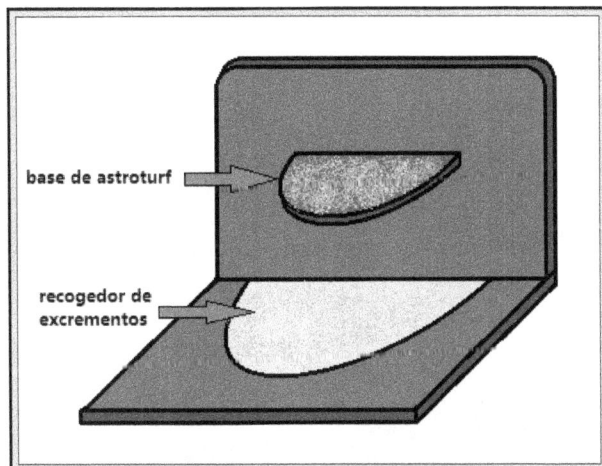

- **Bancos de tubo**:

Es mas beneficioso para el amansamiento del ave, ya que esta se encuentra a la altura del cetrero y tambien ayuda a prevenir roturas de plumas. En el centro de la parte superior tiene el enganche por donde ataremos al ave. De usar este posadero, sobre todo los primeros dias, vigilaremos mucho al ave, ya que si se debate y queda colgando, puede ser que no tenga fuerza para subirse a el, si son muy jovenes o simplemente que no sepan.

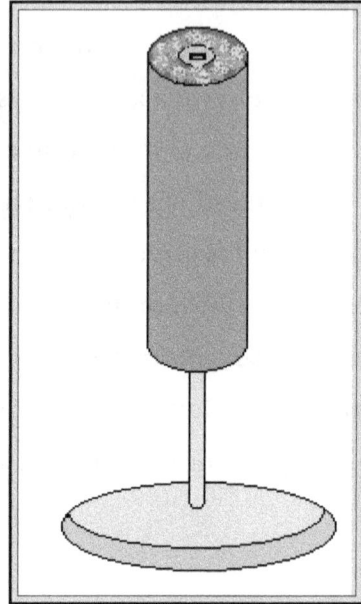

- **Baños**:

Son recipientes circulares (normalmente) para facilitar su limpieza. Suele tener un fondo de 10-15cm. Su uso es principalmente el de permitir al ave refrescarse y asearse en dias calurosos. El material mas empleado es el plástico.

- **Balanza o peso**:

Esta compuesta por una báscula con un pequeño posadero, de tal modo que podamos poner el ave en este y pesarlo sin problemas. Se suelen emplear las básculas digitales, por ser mas exactas y comodas. Es importante crear una rutina en la que pesemos al ave a diario para crearle el hábito desde el principio.

– Muda:

La muda, es el recinto donde habita el ave, el nombre le viene por que es el lugar donde el ave muda las plumas, también es donde el ave vivirá, dormirá, criara ... Se puede hacer tanto de material de obra como de madera etc.

– Transportines o caperuzas gigantes:

Cajón de madera (hoy en día se fabrica de varios materiales), echo con las medidas del maletero del coche generalmente y del ave al cual portará. También se pueden emplear cestas entre otros.

Transportín doble con porta escapes.

– Transportín para escapes:

Es una caja donde se portan los escapes, suelen ser de madera. Es importante su uso, ya que es importante contar con presas vivas durante la introducción a la caza.

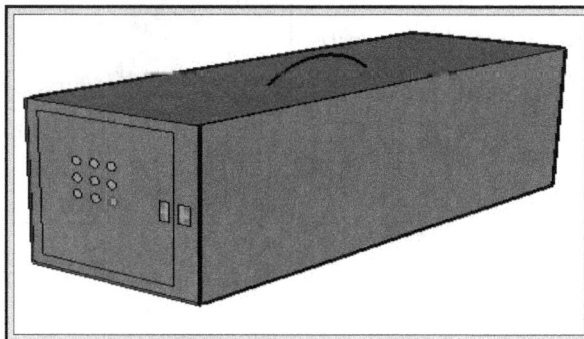

–Porta escapes de cinturón:

Son como unos pequeños bolsos o carteras, que nos permiten portar el escape (una paloma por ejemplo) vivo para poder soltarlo al ave cuando creamos conveniente. Se suelen hacer de cuero y se portan en el cinturón.

– Lúa:

Es el guante con el que se maneja al ave, para evitar posibles daños por parte de esta, están hechos de piel. Se le suele añadir uno o varios refuerzos dependiendo del ave a portar.

– Saltos de lonja:

Son pequeñas correas que se utilizan para atar el ave al guante mediante el piquete, para evitar que esta pueda escapar. Otra de sus funciones aparte de asegurar al ave para que no escape, es la de proteger al ave en una debatida para que no se pegue contra el suelo. Por lo que este deberá ser de una longitud que no le permita llegar al suelo en caso de debatida.

Salto de lonja trenzado.

– **Fiador**:

Es un largo cordel resistente. Se utiliza para el adiestramiento del ave y una vez empezamos a volarlo, para evitar que escape. Estará atado a algo pesado, nos lo clavaremos con una piqueta al suelo o nos lo enrollaremos al morral por ejemplo.

– **Señuelo**:

Es una imitación de la presa, ya sea conejo, paloma, perdiz... dependiendo de que se vaya a cazar con el ave usaremos uno u otro. Tiene un cordel largo para poder voltearlo y manejarlo. Normalmente están hechos de piel, pero también se hacen con partes de la presa en cuestión, alas, piel del conejo... Se usa para llamar al ave cuando esta lejos, ejercitarla y mejorar su habilidad para la caza...

Os muestro unos ejemplos de señuelos en función de la presa o uso que le vayamos a dar.

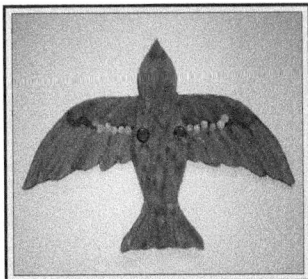

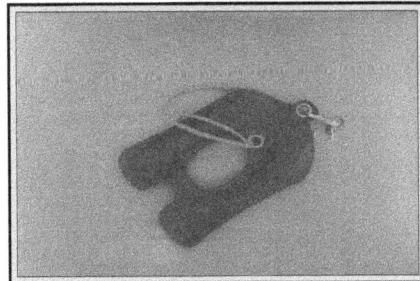

Modelos de varios señuelos.

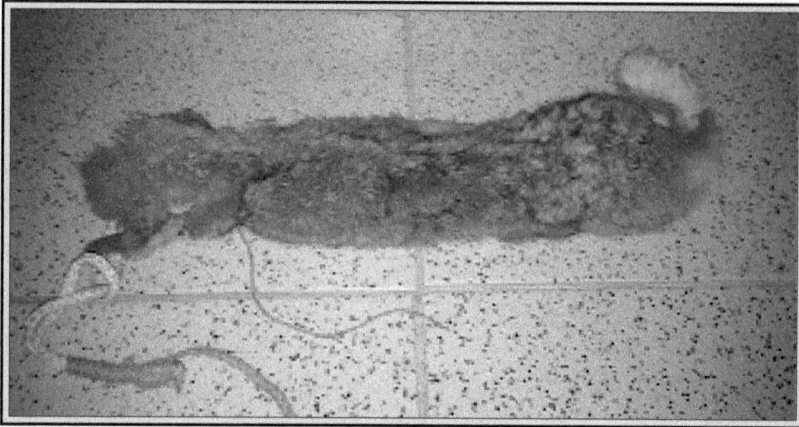
Señuelo de conejo.

- Prismáticos:

Unos buenos prismáticos nos serán algo muy útil para localizar al ave o simplemente observarla. Es preferible que sean de un color llamativo para localizarlos mas facilmente en caso de que se nos caigan en el campo.

- Silbato:

Es un reclamo acústico. Que puede sustituir a la grita para llamar al ave.

- Morral:

Es una especie de bolso de cuero, donde llevaremos todos los aparejos cuando salgamos al campo, señuelo, carne...

- Porta caperuza:

Se usa para portar la caperuza sin que sufra daños. Normalmente suele llevarse en el chaleco en la parte superior delantera, para tener facil acceso a el.

– Caperuza:

Es un elemento casi imprescindible, sobre todo con los halcones. Su finalidad es privar al ave del sentido de la vista, de una forma cómoda. El ave se calma al instante de ponérsela, muy útil para el amansamiento.

Se hacen en piel. Su elaboración debe ser meticulosa, puesto que si no el ave podría sufrir daños en los ojos, cera del pico…

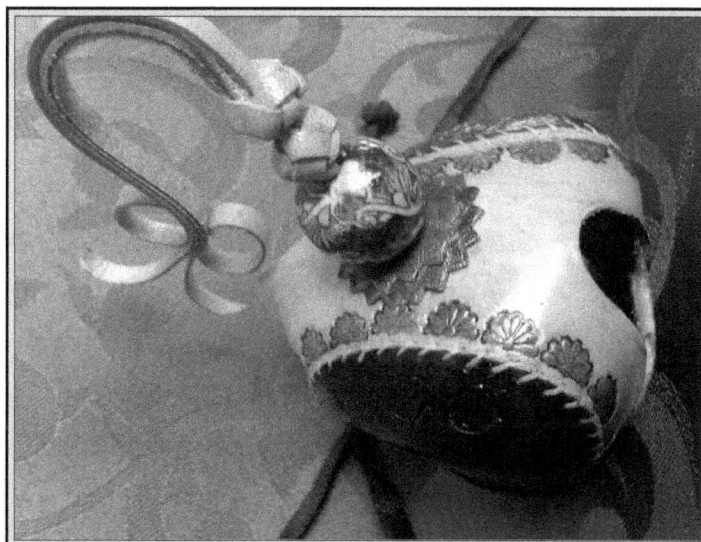

Caperuza.

–Pihuelas y muñequeras:

Son unas pequeñas correas, normalmente de piel entre otros. Se usan para atar al ave por los tarsos y poder manejarla sin peligro, tanto para nosotros como para ella. De esta manera el ave queda sujeta, pudiendo soltarla cuando queramos.

Muñequeras aylmeri.

Su longitud ha de ser tal que una vez quede puesto en ellas el tornillo quita vueltas, la posición de éste no sobrepase la punta de la cola. Se impide así que las plumas pudieran colarse entre pihuelas quedando dañadas. En los últimos años, se han introducido unas muñequeras con unos ojales, llamadas aylmeri. Es una polaina de cuero que se coloca en el tarso, pasando por los ojales la pihuela con un nudo en el extremo.

Las tradicionales son muy poco seguras para el ave, es preferible desecharlas (en USA basandose en varios criterios son consideradas ilegales). La diferencia entre las de caza o vuelo, solo radica en el ojal, las primeras sin el y las segundas con el, así evitaremos enredos en ramas etc, a la hora de cazar y/o volar.

Por todo ello elegiremos preferiblemente las aylmeri antes que las tradicionales. Para las aylmeri empezaremos con algunos retoques antes de engrasar (en el caso de que sean de cuero) concienzudamente con grasa de caballo. En las muñequeras, grabaremos el nombre del ave y nuestro teléfono por si se extraviara el ave, que nos pudieran localizar lo antes posible. Lo grabaremos con un simple boli de un color que se vea bien en el

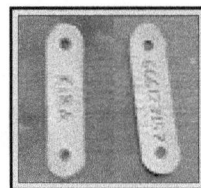

cuero. Una vez seca la tinta, le aplicaremos unas capas de esmalte de uñas para proteger la inscripción. Hecho esto, es el momento de engrasar tanto abrazaderas como pihuelas con la grasa de caballo. Daremos tantas manos como requiera el cuero, ya que algunos absorben rapidamente la grasa y no nos habrá servido de mucho. Tampoco le daremos mas de la cuenta ya que podría ensuciar las plumas del ave.

Si vemos que el ave empieza a picarlas en exceso (si pica un poco es normal por la novedad) las engrasaremos un poco mas para que las deje de picar. Aún despues de puestas las tendremos controladas y las revisaremos cada vez que manejemos al ave, para asegurarnos de que estan en buenas condiciones, de lo contrario las cambiaremos.

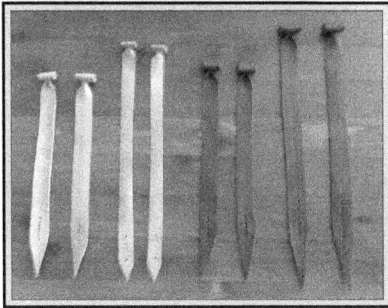

Variantes de pihuelas, aylmeris, aylmeris con botón de resina y tradicionales.

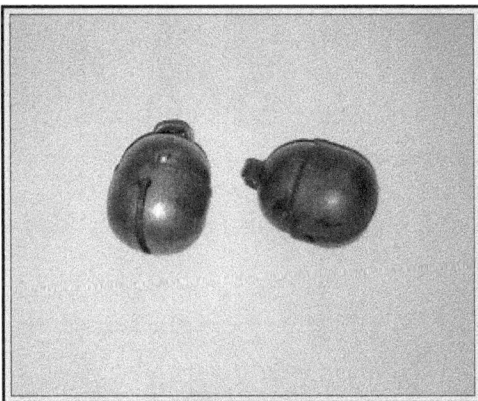

– Cascabeles:

Su uso era el de poder localizar al ave por su sonido, hoy en día sigue siendo su uso también, pero ha pasado a un segundo plano, por la aparición de la telemetría.

Se sujetan con unos correones de cuero. Es importante su peso (el mínimo) y su sonido. Reciben el nombre de prima y bordón.

- **Tornillo**:

Es un tornillo con dos "aros" soldados, estos son giratorios, actúa como un quitavueltas. Van cogidos a las pihuelas, y se usan para ponerlos en el posadero, o llevar el ave al guante... Si usamos un tornillo de calidad nos evitaremos enredos en el mismo. Es mejor gastarnos un poco mas y coger uno bueno, que pagar menos y coger uno que solo nos traerá quebraderos de cabeza y enredos. En la foto pongo los seguros y los no aptos. Los "seguros", rara vez sufrirán enredos, ya que su forma ayudará a que no se produzcan. Los "no aptos", no solo se nos enredarán a diestro y siniestro, si no que además son peligrosos para el ave. Podría meter una uña y rompersela, abrirse y escapar, romperse ellos

mismos... Es mejor descartarlos y usar siempre un equipamiento de calidad y seguro.

- **Lonja**:

Es una correa de cuero o cuerda resistente (cordino de escalada por ejemplo), que une las pihuelas al posadero. La medida aproximada suele ser 1m. Las

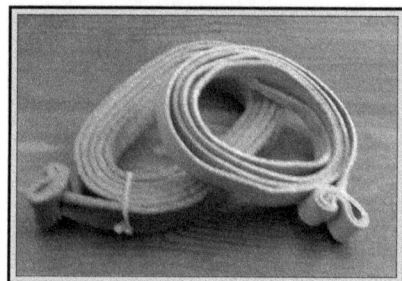

de cuero son menos seguras (se rompen mucho mas facilmente).

El mayor problema de las lonjas radica en las de cuero, ya que estas tienden mas a los enredos. Por no mencionar que si el ave se baña, la moja y despues se tira del posadero (cosa que hacen bastante, sobretodo al principio de atarlas) el nudo se apretará tanto que una vez seco el cuero nos será casi imposible deshacerlo y tendremos que cortar en muchos casos. Aparte, estas son mas fáciles de romper si el ave se ceba con ellas y no para de picotearlas. En el caso de haber elegido la de cuero, la engrasaremos al igual que las pihuelas. Pero si podemos, nos decantaremos por el cordino de escalada (de entre 3–5mm dependiendo del ave.), mas seguro, difícil de enredar, fácil manejo por el cetrero, casi irrompible por el ave (a mi personalmente nunca se me ha roto ninguna de cordino) y muy duraderas. En estas últimas el mantenimiento es inexistente, simplemente cambiarlas cuando lo creamos oportuno.

– Porta picadas:

Son pequeños recipientes, generalmente de cuero, que nos permiten portar las picadas de comida que le daremos al ave. Normalmente se suelen llevar en el cinturón. Lo ideal sería hacerlos del tamaño de un vaso, así podremos meter un vaso de plástico para evitar que se ensucie. Otra alternativa sería la de ponerle papel de aluminio en el interior.

– Telemetría:

Compuesta por emisor y receptor, es un pequeño aparato que porta el ave en la pata, la cola o el arnés y que emite señales las cuales recibe el receptor en nuestro poder, con lo cual tendremos al ave bajo control. Los hay de todo tipo de tamaños y marcas en función del ave.

Normalmente, la mayoría de modelos de emisores nos permiten montarlos en cola, arnés o pata cambiando la tapa o enganche (lo ideal es en arnés, ya que en pata sufren mucho por golpes, suciedad... y en la cola del ave provoca que pueda perder la pluma en la que esté puesto el emisor por el peso del mismo o un enganche, aparte de que en el la cola puede hacer toma de tierra el emisor), aunque algunos no nos darán todas estas opciones y suelen venir diseñados solo para un tipo de colocación. Algunos traen la opción de conectar y desconectar con un llavero magnético sin necesidad de retirar la pila. Las frecuencias usadas en cetrería son la 216 Mhz, 173 Mhz, 150 Mhz, 433 Mhz y 434 Mhz. Cuanto mas bajas son las frecuencias mas rebotes tendrán, con lo que salvan mejor las irregularidades del terreno y como consecuencia llegan mas lejos. Las mas altas, tienen menos rebotes, por lo que no salvan bien las irregularidades del terreno por lo que son mucho mas direccionales.

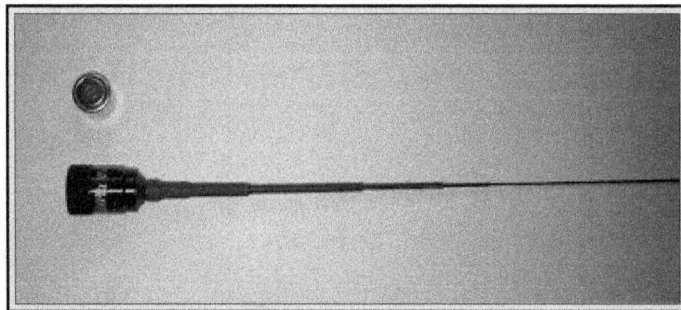

Emisor.

Sin embargo la frecuencia 216Mhz (la mas usada, llamada la todoterreno) hace ya varios años que quedó reservada por el estado Español, para uso de radio y televisión digital, con lo que está prohibida para uso en cetrería o particular... De usarla es posible que recibamos interferencias.

En cuanto al receptor, debe tener un rango de rastreo de la misma frecuencia que el emisor o emisores que usemos. Para ampliar el rango del mismo podemos emplear antenas tipo yagi conectadas a el.

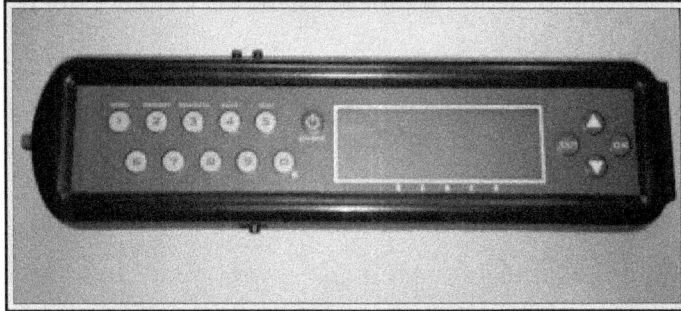

Receptor.

CONFECCIÓN DEL EQUIPO

Hoy en día podemos encontrar todos los aparejos necesarios para la práctica de la cetrería fácilmente, algunos de buena calidad y otros de no tanta. Sin embargo es cierto que el hacerse uno mismo sus propios aparejos nos aporta una enorme satisfacción y un toque de distinción del resto de cetreros.

El echo de realizarlos a mano al cien por cien nos aporta algunos beneficios que, de otra manera, no podríamos obtener, como pueden ser; el coser una lua con hilo grueso encerado, para dar una mayor durabilidad a la lua y un toque estético, elaborarnos nuestros propios adornos y personalizar nuestro equipo desde unas pihuelas hasta la intrincada caperuza, o simplemente el poder ser un poco mas cetreros y sentirnos mas realizados en nuestro arte.

Lamentablemente, son muy pocos los escritos que tratan la artesanía cetrera y son menos aun los que lo hacen en español. Por ello, nos es complicado iniciarnos en este, que no deja de ser otro arte de la cetrería antigua y moderna.

En este libro, trataré de explicar lo mejor posible, todas las pautas para poder elaborar cualquier aparejo que posteriormente emplearemos en nuestro arte y luciremos orgullosos. Pero no me extenderé en exceso en su uso y/o colocación ya que se da por echo de que cualquier persona que se inicie en la artesanía cetrera tiene una base de conocimientos sobre el equipo del cetrero. En el interior del libro podréis encontrar patrones a tamaño natural. No deberéis desilusionaros si no os sale a la primera como teníais en mente, pues se nace cetrero pero no sabiendo, y como bien se ha dicho siempre "la práctica hace al maestro", y la cetrería no iva a ser una excepción.

MATERIAS PRIMAS Y HERRAMENTAL

Es tradicional el empleo del cuero en la elaboración de los aparejos de cetrería, es algo que tenemos en cuenta algunos para que perdure la tradición, pero los tiempos cambian, y con ellos el modo de elaborar los aparejos de cetrería. Salen al mercado y al alcance de nuestras manos nuevos materiales, algunos mejores y otros no tanto, como el preciado astroturf tan útil para los posaderos de nuestras aves, o el cordino de escalada para nuestras lonjas. Nos ceñiremos a los mas aconsejables, fáciles de adquirir y de manejar para su confección.

En cuanto al cuero podremos usar tanto los de tipo curtición vegetal como los de curtición al cromo, siendo preferible estos últimos, por dar mayor resistencia y flexibilidad.

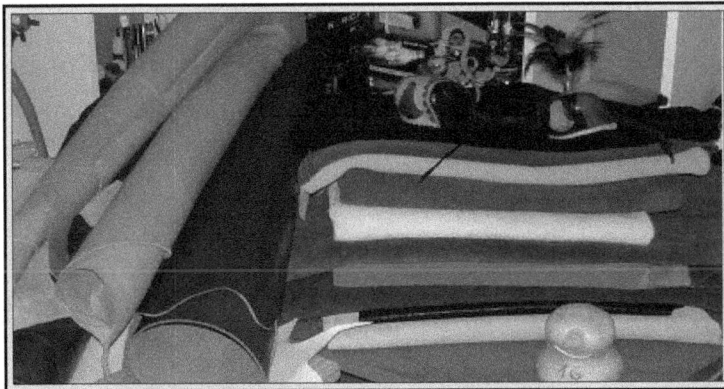

Hoy en día el mercado del cuero es muy amplio y nos ofrece muchas posibilidades ya sea en cuanto a acabados, tintes...

Hay materiales sintéticos, como pueden ser el cordino, que lo emplearemos para las pihuelas y/o lonjas, y el astroturf para los posaderos.

No nos extenderemos mucho en este apartado ya que mas adelante explicaré los aparejos y los materiales que emplearemos para su elaboración.

HERRAMENTAL

Algo que juega a nuestro favor es que el herramental que emplearemos no es muy extenso y es fácil de obtener. No obstante, este se podría ampliar según nuestras necesidades, acabados y dedicación a la artesanía cetrera .

1. HERRAMIENTAS UTILIZADAS EN LA ARTESANIA CETRERA:

– Hilo imputrescible → como puede ser el hilo encerado grueso, el hilo dental para las caperuzas…

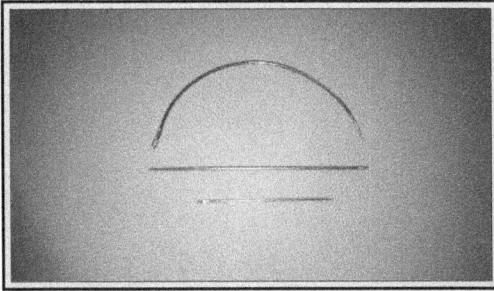

– **Agujas** → para cuero de tamaño pequeño, medio y las de costura normal para las caperuzas.

– **Cutter** → mejor uno de tamaño medio-pequeño para ser fácil de manejar, o cuchillas tipo bisturí.

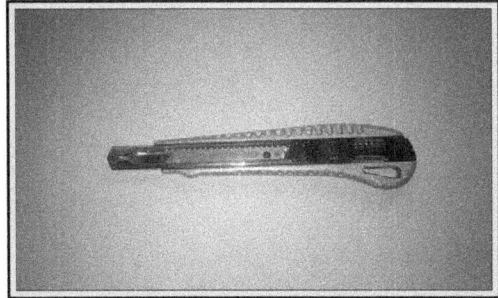

– **Tijeras** → lo ideal serían tijeras para cuero, pero igualmente nos servirán unas resistentes. Tambien pueden ser útiles las tijeras con dientes de sierra, para cortar en zig-zag.

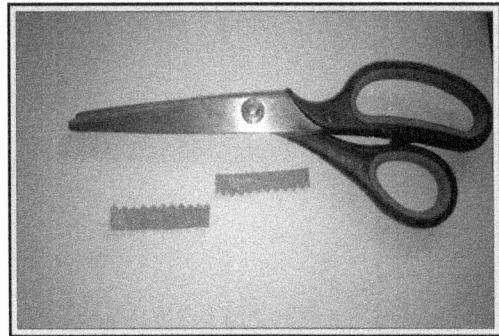

– **Punzones** → emplearemos el punzón normal y el tipo lenza, que se empleará para coser normal y coser a media carne.

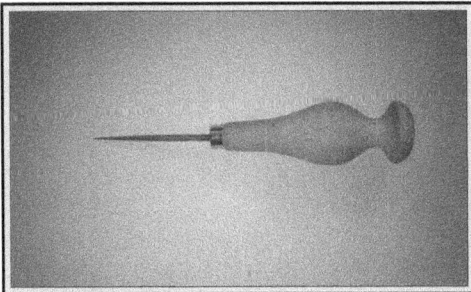
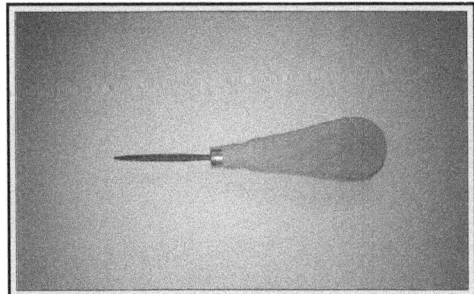

– **Ruleta marcapuntadas** → nos facilitará mucho el trabajo, aunque no es imprescindible.

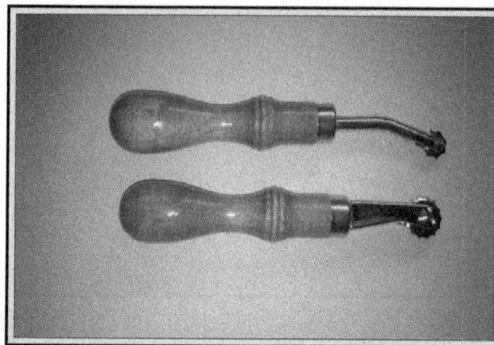

– **Sacabocados** → de cierta calidad, para evitar quedarnos sin él a mitad de trabajo.

– **Pinzas** → también podrían servir unos alicates pequeños, aunque lo ideal serían como los de la foto.

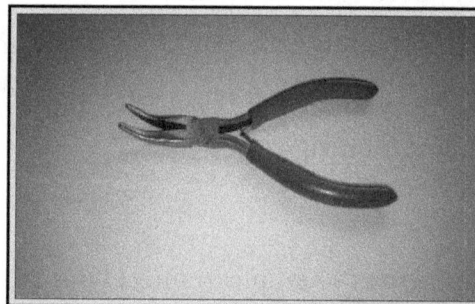

– **Mechero** → para algunos acabados, recomiendo un mechero tipo el de la foto ya que nos ayuda a llegar mejor a ciertos lugares.

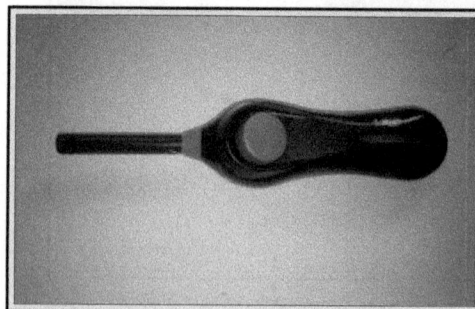

– **Tintes** → recomiendo los tintes **penetrantes** (al aceite o al alcohol, dando los primeros un acabado mas profesional) a los cubrientes, para **teñir**.

Con los **cubrientes**, podremos realizar trabajos de **decoración** encima de algún acabado. Se aplican con bastoncillo de algodón que normalmente suele venir con el tinte.

– **Laca** → para dar un acabado óptimo a nuestros trabajos, a la vez que los protegemos, lo ideal son lacas en spray.

– **Troqueles** → para grabar nuestro
nombre o cualquier figura.

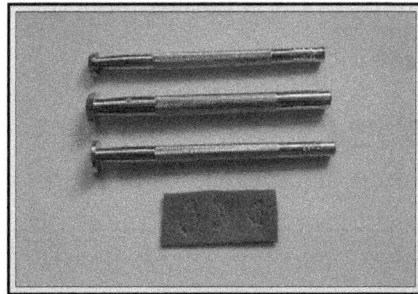

– **Martillo** → para facilitar el marcar puntadas con el punzón, preferiblemente de plástico y no de hierro. Sin este será muy costoso el hacer las puntadas en ciertos cueros.

– **Buriles** → para realizar trabajos a
relieve.

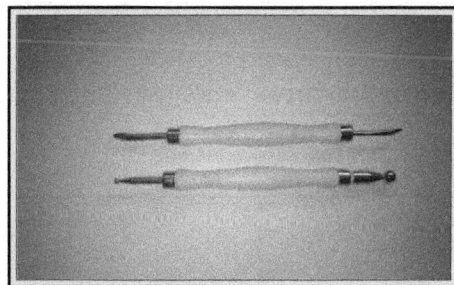

– **Tabla de trabajo** → para no dañar la mesa de trabajo, nos servirá una de las empleadas en cocina de 1–2cm por ejemplo, tambien se pueden comprar las especificas de corte o golpe.

– **Abalorios** → para los adornos del copete, son los que se suelen usar para realizar pulseras, collares, etc.

– **Rebajadora** → para rebajar el grosor del cuero.

– **Tenedor** → una herramienta diseñada para marcar puntadas cuando se cose a mano.

– **Algodones** → nos servirán para dar el tinte a los cueros, los hay de algodon o de espuma, los primeros dan mejores resultados.

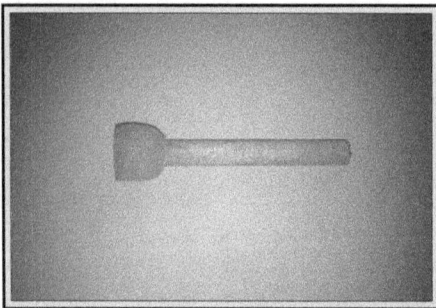

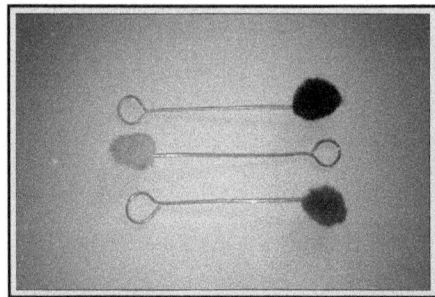

– **Remachadoras** → las usaremos para poner las pihuelas aylmeri entre otros.

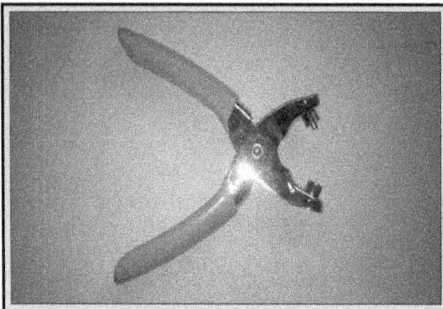

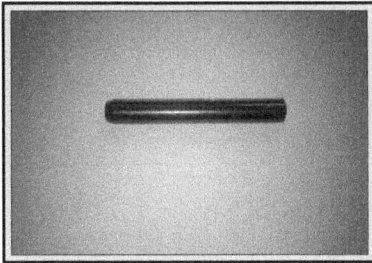

– **Hormas** → las utilizaremos para hormar (dar forma) a las caperuzas.

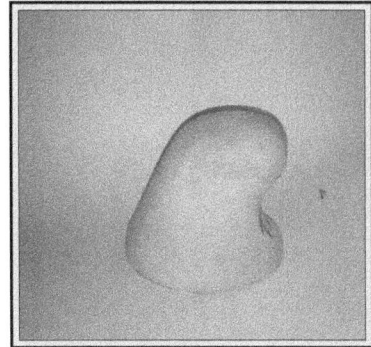

– **Boteador** → Lo utilizaremos para poner los remaches.

TIPOS DE CUERO

Entre los tipos de cuero que encontraremos en el mercado los que emplearemos mayoritariamente para la confección de los aparejos de artesanía cetrera serán el serraje, la vaqueta, la badana, el canguro, el forro de cerdo y el caballo. Hay otros cueros aptos, pero nos centraremos en estos mas fáciles de conseguir y trabajar. Empezaremos haciendo un analisis visual de las dos caras del cuero. La primera cara, la exterior, una vez depilada recibe el nombre de *"flor"* es la parte que quedara hacia afuera. La segunda cara, la interior, se le llama *"carne"* recibe este nombre porque era el lado que estaba en contacto con la carne.

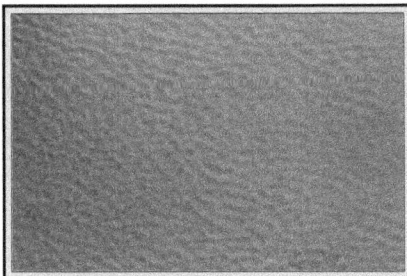

Lado flor

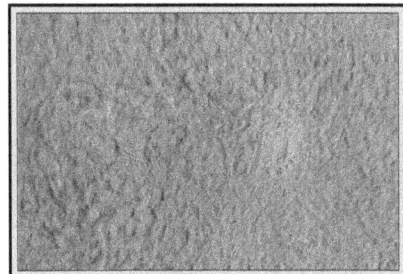

Lado carne

Badana: la badana de oveja se puede utilizar para la confección de los

guantes, como la parte de los dedos y el cuerpo del guante, ya que es una piel muy comoda y flexible y se adapta muy bien a la mado. Si utilizamos esta piel para los guantes, con rapaces de cierto porte utilizaremos otro cuero mas resistente para los refuerzos.

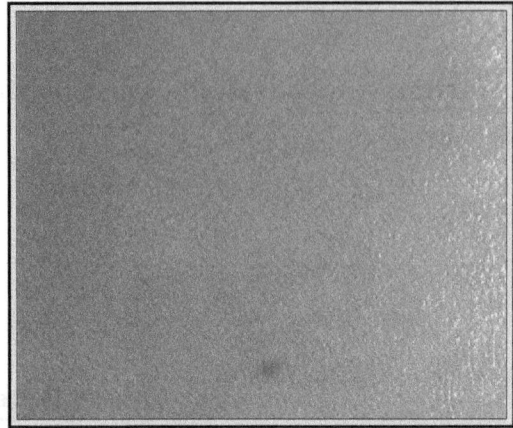

Badana de oveja.

Forro de cerdo: el forro de cerdo es un material muy fino por lo que se suele utilizar para los collarines de las caperuzas, los bordes de los guantes etc.

Forro de cerdo.

Serraje: el serraje de vaca es rugoso y muy resistente, por lo que se puede utilizar tanto como refuerzo para los guantes, ya que permiten un agarre perfecto al ave, como para hacer el guante entero de serraje. Tambien se puede usar para hacer morrales etc.

Serraje.

Vaquetilla: la vaquetilla es un material que ofrece algo de dureza, esta aumenta cuando se humedece y se deja secar. Por lo que se suele utilizar para la elaboración de caperuzas, pihuelas, adornos del guante, porta caperuzas, porta picadas etc.

Vaquetilla.

Caballo: el caballo tiene practicamente los mismos usos que la vaquetilla, solo que este suele ser algo mas flexible y un poco menos pesado, por lo que es mas apto para pihuelas, caperuzas de pequeñas rapaces etc.

Caballo.

PIHUELAS Y LONJAS

Empezaremos con algo sencillo como puede ser la lonja o las pihuelas, elementos imprescindibles para la práctica de la cetrería, ya que sin ellos no podríamos agarrar a nuestra ave. Con la elaboración de estas, nos iremos haciendo con el manejo y conocimiento de nuestras herramientas y material.

Para este tipo de trabajos emplearemos preferiblemente piel de canguro o ciervo, aunque se podría emplear igualmente piel de caballo o ternera. Siempre siendo preferible un grosor que oscile sobre los 2mm para rapaces medias (primas de harris, torzuelo de cola roja...) partiendo de esta base y teniendo en cuenta el material que estemos utilizando y el ave a la que irá destinada, escogeremos un grosor u otro.

Existen varios tipos de pihuelas, las árabes, las tradicionales, las aylmeri... nos centraremos en las tradicionales y las aylmeri, siendo estas últimas mas recomendadas por su facilidad de adaptación y uso en el campo y permitirnos emplear materiales diferentes al cuero para la pihuela.

Elaboración de pihuelas aylmeri.

El patrón que se muestra a continuación es orientativo, ya que variará en función del ave al cual se vaya a destinar. Para poder elaborar nuestro propio patrón, coger un objeto similar al de la pata de nuestra ave, como podría ser en algunos casos, un bolígrafo por ejemplo y hacer pruebas con patrones de papel. Es muy sencillo encontrar el tamaño adecuado, que no quede apretado ni muy olgado, pero que tenga movimiento. Una vez demos con la medida ideal, la marcaremos en el cuero, no antes, para evitar malgastar el cuero.

– Muñequera

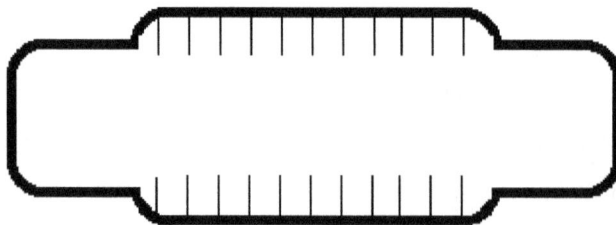

Patrón orientativo

-Pasos a seguir:

1.-Marcaremos los patrones en el cuero.

2.-Cortaremos con el cutter.

3.-Biselaremos el borde superior e inferior para no producir roces al ave y ser mas cómodas.

4.-Haremos pequeños cortes a lo largo del borde superior e inferior, tipo flecos.

Ollaos para abrazaderas

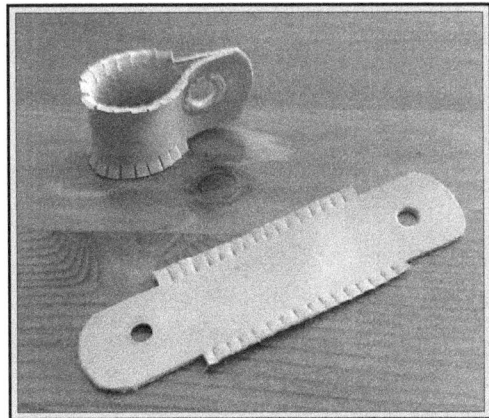
Abrazaderas acabadas

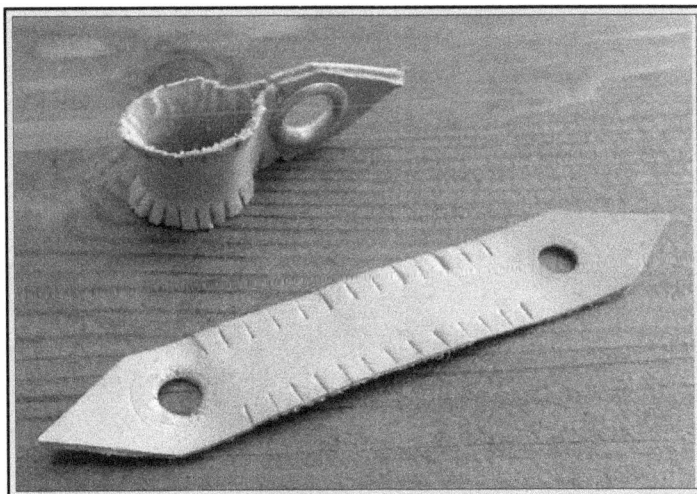
Variante de abrazaderas

– Pihuela.

1.-Marcaremos la pihuela en el cuero.

2.-Cortaremos con el cutter.

3.-Haremos el botón, haciendo tres agujeros con una distancia de 1cm aproximadamente entre cada uno, y a continuación, pasaremos la parte acabada en pico por el del medio, despues por el primero, luego por el tercero y apretamos.

4.-Cortamos el ojal y a cada extremo hacemos un inciso con el sacabocado para evitar que rompa por esta zona el ojal.

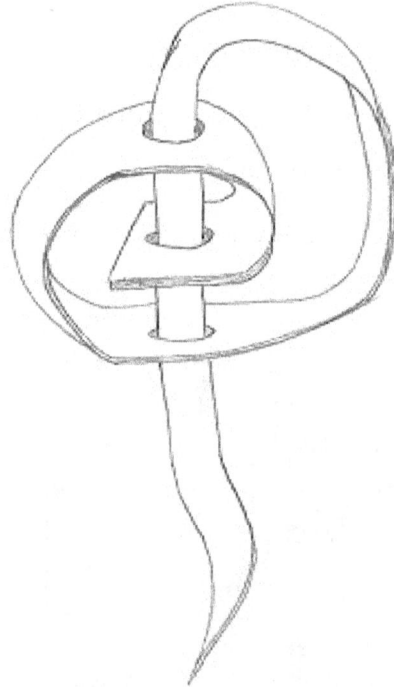

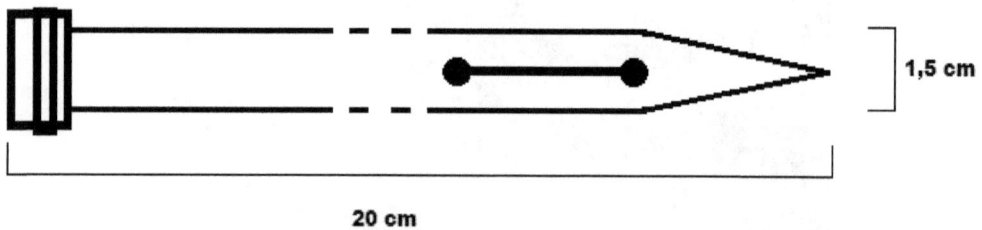

Patrón de pihuela.

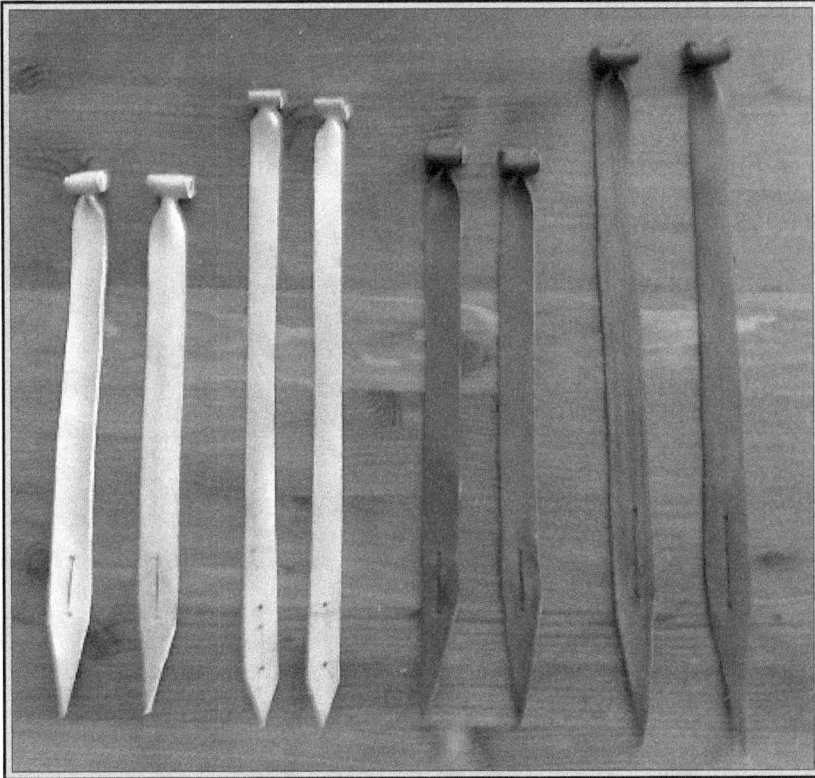

Pihuelas acabadas.

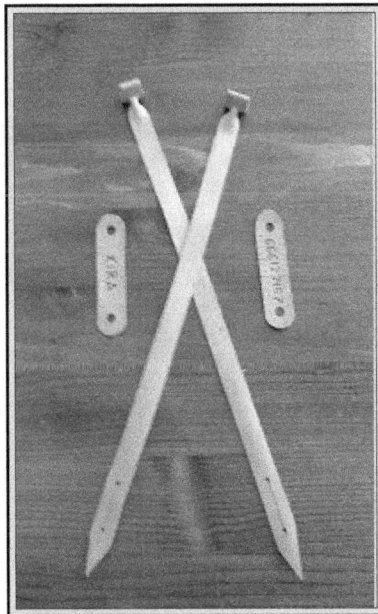

Pihuelas y abrazaderas.

– <u>Variante de pihuela</u>.

También podríamos emplear cordino para las pihuelas, es muy resistente, podríamos hacerlas trenzadas, utilizando un cordino mas fino o con un cordino mas grueso sin trenzar. Sin trenzar son algo mas difíciles de entender, por lo que lo explicaré.

Cogemos el cordino al doble de la medida que queramos darle (20cm, por ejemplo), sacamos el anima (la parte interior blanca), hacemos un corte pequeño un poco mas abajo de la mitad del cordino e introducimos un extremo por el corte hasta el final, teniendo en cuenta que este será el ojal para el tornillo.

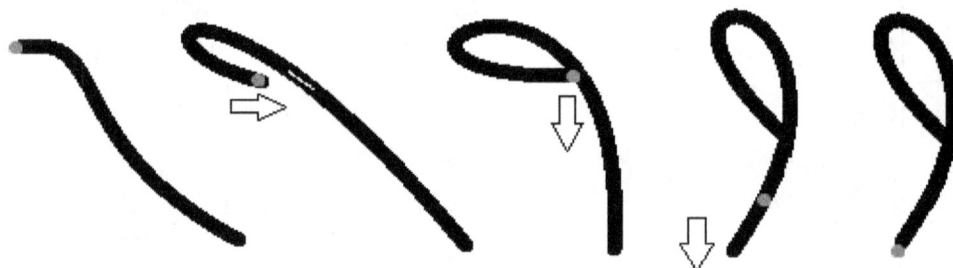

Elaboración de pihuela

Al final quemaremos para que no desplume y para el botón tendremos varias opciones, entre ellas, hacer un nudo o hacer una bola con material tipo epoxi, y dejar secar.

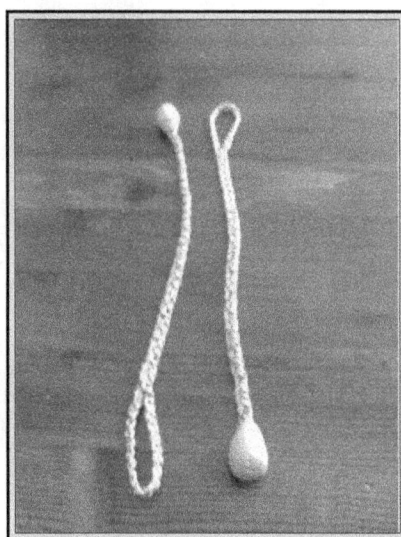

– Colocación:

Engrasemos tanto la pihuela como la abrazadera con grasa de caballo, pero esta última solo por la parte exterior, sin abusar de la grasa. Untaremos los dos extremos interiores de la abrazadera con cola de contacto, esperaremos unos instantes a que seque y se la colocaremos en la pata del ave a la medida presionando los dos extremos unos segundos para que selle. A continuación, con un sacabocados y un trozo de cuero sobrante (para colocar debajo y que salga un agujero limpio), haremos el agujero donde introduciremos los ollaos. Una vez puestos estos y remachados, cortaremos el sobrante de la abrazadera con una tijera con cuidado y ya tendremos nuestra abrazadera colocada. Solo faltará pasar la pihuela.

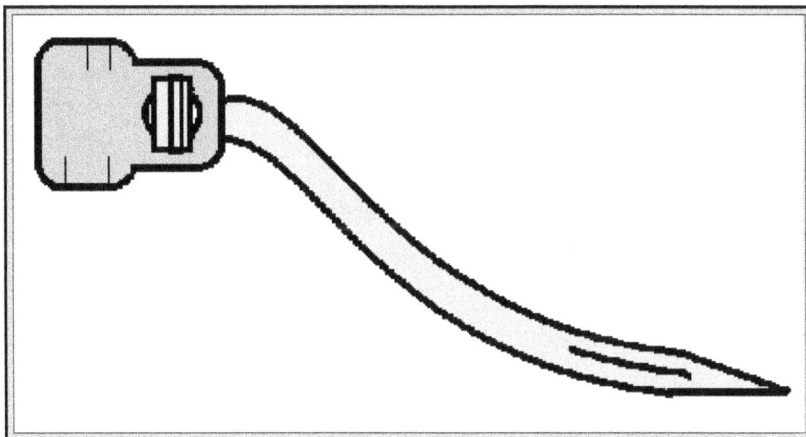

–Elaboración de pihuelas tradicionales

Las pihuelas tradicionales están cayendo en desuso por la aparición de las aylmeri, pero aún queda algún nostálgico o tradicionalista que las usa. Son perfectamente válidas, pero carecen de la rapidez de las aylmeri en el uso.

Pasos a seguir:

1-Marcaremos la pihuela en el cuero, una medida media es de 22x1cm.

2-Cortaremos con el cutter.

4-Cortamos los tres ojales y a cada extremo haremos un inciso con el sacabocado para evitar que rompa por esta zona el ojal. Y así de simple tendremos un par de pihuelas.

Se muestran dos variantes de pihuelas, ambos válidos.

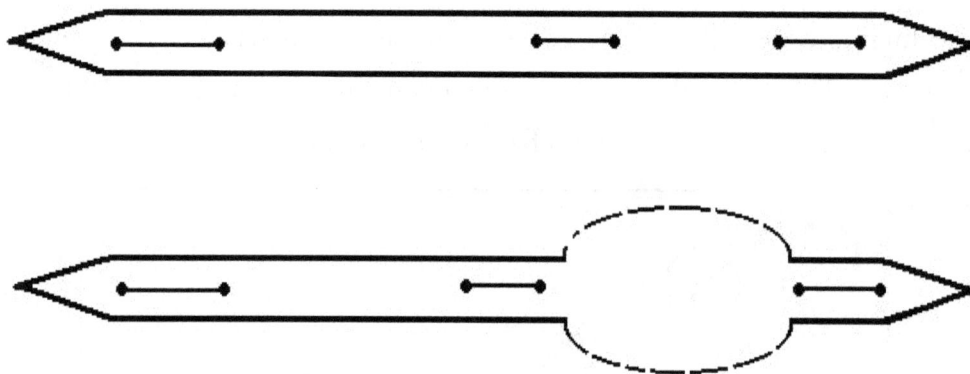

Patrones orientativos

– **Colocación**:

Rodearemos la pata del ave, y pasaremos el extremo mas próximo al ojal del medio por este. A continuación, el extremo mas largo lo pasaremos por dentro de los dos ojales anteriores y ya tenemos la pihuela colocada.

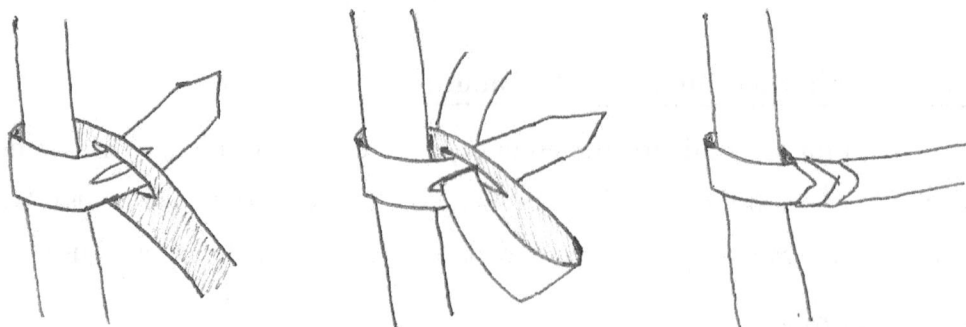

Dibujo orientativo de la colocación de las pihuelas.

– **Lonjas**:

La lonja no es mas que una tira de cuero de aproximadamente 80–100 cm, con un botón o nudo a un extremo. El largo y ancho dependerá del ave a la que se destine. Su uso es principalmente el de asegurar nuestro ave a su posadero.

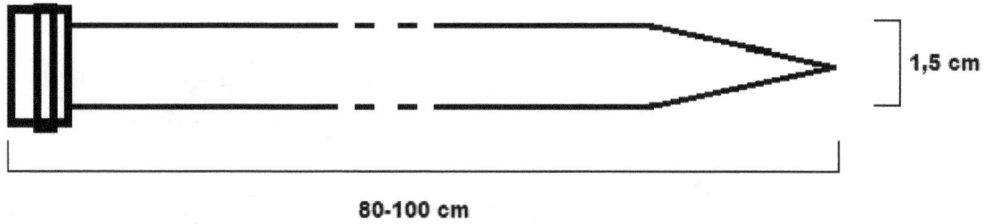

1,5 cm

80-100 cm

Patrón de lonja.

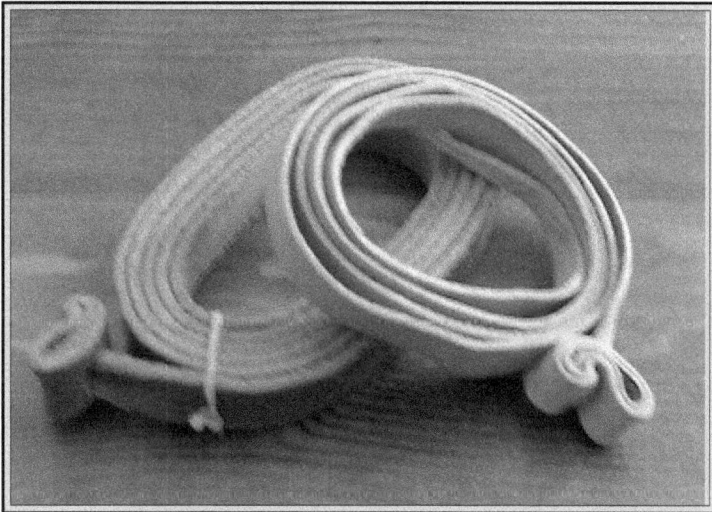

Lonjas acabadas

También puede emplearse cordino o nylon. Bastaría con quemar un extremo para evitar que desplume y hacer un botón con un nudo en el otro.

Lonjas de cordino.

Lonja rápida para la caza, de cuero trenzado redondo.

– Correones para el cascabel:

Los correones para el cascabel como ya se indican son para poner el cascabel a nuestra ave, pero también pueden servir para poner el emisor, por ejemplo. Son muy sencillos de hacer, ya que no es mas que una pequeña correa con 2 ojales (una correa para cada cascabel). Las correas tienen que tener una anchura tal que permita introducirla por el cascabel pero que sea lo suficientemente ancha para que no rompa fácilmente por el ojal, y el largo que nos permita rodear la pata del ave, será distinto para cada ave. Dibujo de como colocar los cascabeles.

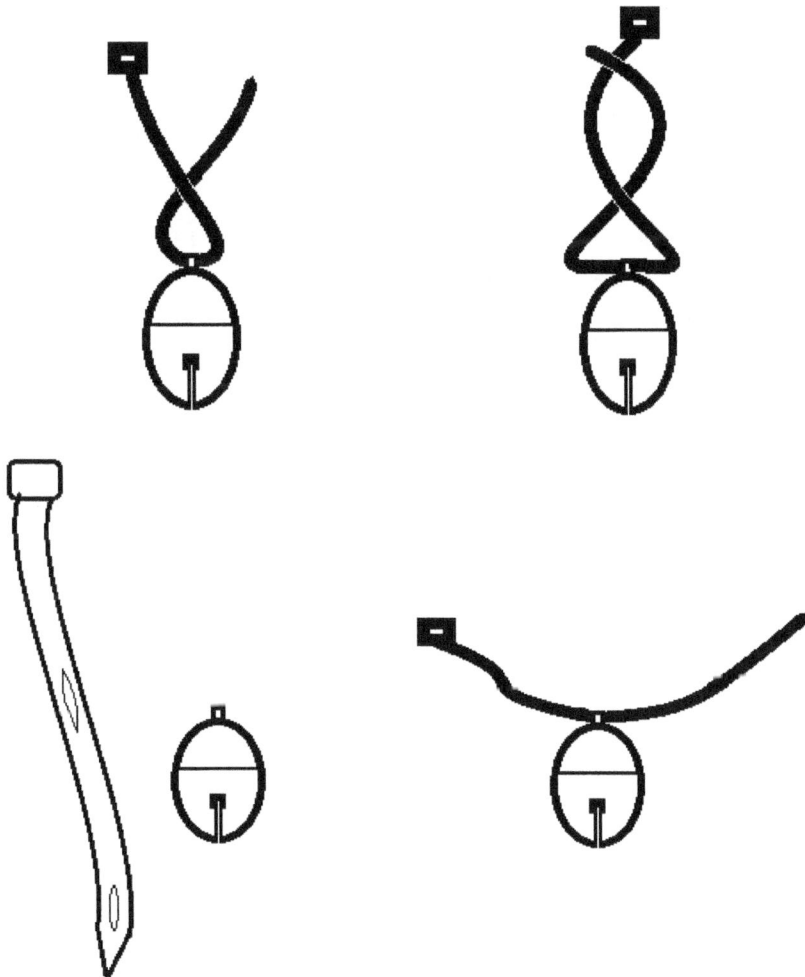

CAPERUZAS

La caperuza es nuestra utilísima aliada para poder dominar a nuestra ave y evitar que esta sufra mas de lo debido, ya que hay aves que no toleran bien ciertas situaciones de ajetreo o simplemente lugares nuevos, por ejemplo. Pero sobre todo es indispensable para el amansamiento y adiestramiento de ciertas aves. En algunas aves es opcional, pero siempre nos ayudará mucho el que nuestro ave sea caperucera. Sus principales funciones y características son la de aislar al ave de cuanto la rodea, que no dañe al ave ni en los ojos, ni en la cera, que pese lo menos posible, que no le apriete pero que no se la pueda quitar y que pueda comer con ella puesta.

El uso que se le vaya a dar a la caperuza será algo que tendremos que tener en cuenta antes de cortar el patrón, ya que no es lo mismo una caperuza de uso para cuando salimos de caza, solo a cazar, o si se le deja puesta un largo período de tiempo, ya que de ser así, la piquera debe permitir expulsar la egagropila, así como el collarín debería ser un poco mas amplio ya que es otro factor que influye en la expulsión de la misma.

Aquí se empiezan a complicar las cosas, pero no en exceso. Para realizar una buena caperuza, la base es un buen patrón, sin menospreciar un buen cosido y acabado. Todo lo demás será estética y quedará a nuestro antojo.

PARTES DE UNA CAPERUZA:

Empezaremos por lo mas básico, como es conocer las partes de una caperuza.

– **PATRÓN**: Es el patrón de la caperuza, dependerá del modelo de la misma.

–**RANURAS**: Es por donde se pasarán los extremos de los cerraderos.

– **CERRADERO**: Su misión no es otra que la de abrir y cerrar la caperuza. El cuero o cualquier otro material que usemos para los cerraderos deberá de ser de un grosor entre 1 – 2mm, pero resistente. Hay dos tipos básicos de cerraderos, el "cerradero de fuelle" y el "cerradero inglés".

– **COPETE**: Esta situada en la parte superior de la caperuza. Su principal función es la de facilitar su colocación ofreciendo un agarre y como secundaria, la de ofrecer un adorno a la caperuza.

– **COLLARÍN**: Esta situado en la parte inferior de la caperuza y su principal función es la de proporcionar rigidez a esta.

– **PUNTOS DE**

 COSTURA: Los patrones suelen llevar unos puntos para indicarnos por donde empezar a coser y que partes unir.

– **PIQUERA**: Esta se adaptará al uso de la caperuza, pero siempre deberá ser cómoda para nuestra ave y no dañarle la cera. En los patrones se suele dibujar el tamaño mínimo o medio.

Esquema de las partes de una caperuza.

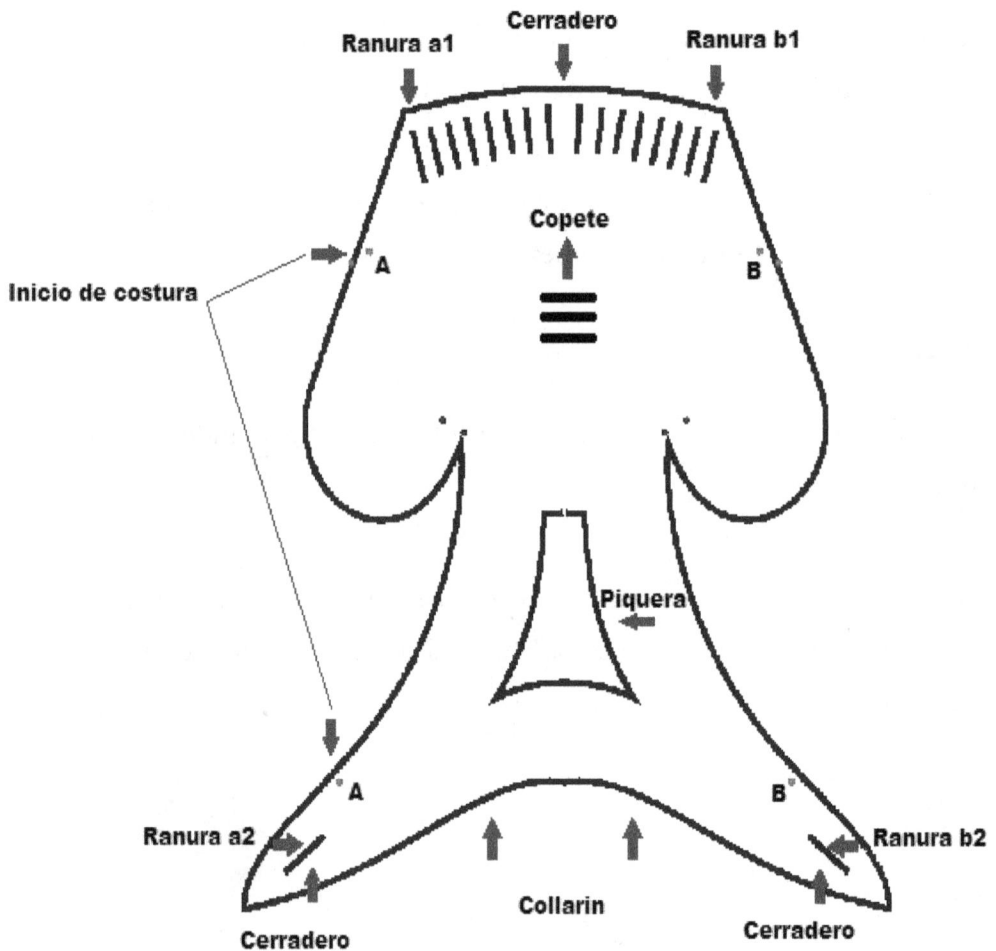

Ranura a1   Cerradero   Ranura b1

Copete

A   B

Inicio de costura

Piquera

A   B

Ranura a2   Ranura b2

Collarin

Cerradero   Cerradero

KIRGUESA

Es inusual empezar con la caperuza kirgui, pero es una de mis favoritas, y poco a poco va ganando admiradores día a día, aunque sin embargo poco se habla de ella. La Kirguesa o Kirgui, mas comúnmente conocida, es una caperuza muy versátil, ya que por sus formas caprichosas permite una gran variedad de acabados, colores, adornos... y luce fantástica en nuestras aves, dándoles un toque de distinción sobre las demás.

Para este tipo de caperuzas se puede emplear un cuero como la vaqueta o el caballo. Yo aconsejo el caballo natural por su facilidad de manejo, gran capacidad de absorción de tintes y un acabado mas suave, frente al acabado mas basto que ofrece la vaqueta. Bastaría con un grosor de 1–1,5mm ya que la costura será vista, en forma de X.

Consideraciones a tener en cuenta aplicables a todos los modelos de caperuzas:

- El peso de la caperuza será el mínimo, por lo que elegiremos meticulosamente los materiales.

- Marcar las puntadas de los collarines que vayan a ir cosidos antes de empezar a coser. La colocación de los mismos es igual para todos los modelos de caperuzas.

- Las piqueras, como ya habíamos mencionado, suelen venir mas pequeñas, por lo que habrá que retocarlas hasta adaptarlas a nuestra ave y siempre estarán biseladas para favorecer una buena adaptación al pico del ave.

- No se debe engrasar el cuero que se vaya a emplear para las caperuzas, ya que ensuciaríamos la cabeza del ave.

- Según el cuero y la costura podría ser conveniente humedecer el cuero para facilitar el trabajo, pero hay que tener en cuenta apretar las puntadas para que al secar no queden flojas.

- Para hormar la caperuza, la humedeceremos sobretodo por la zona de los laterales. La colocaremos en la horma (en caso de usarla) y la dejaremos secar en ella para conseguir un buen hormado.

- En las costuras a media carne biselaremos los bordes por donde vayamos a coser, para proporcionar un buen encaje. No apretaremos en exceso para evitar la costura en "diente de sierra".

- El largo de los cerraderos irá en función de la talla de caperuza, evitando cerraderos muy largos, ya que el ave podría cogerlos con las patas.

- El método a seguir en la colocación de los collarines es el mismo en todos los modelos.

- Estiraremos la piel antes de marcar el patrón para evitar deformaciones después.

- Elegiremos el modelo de caperuza que mejor se adapte a nuestra ave, ya que no todos los modelos se adaptan igual a todas las aves. Por ejemplo, para un halcón sería conveniente una holandesa o similar.

– **Elaboración**:

1.-Marcamos el patrón en el cuero (patrones al final del libro) teniendo en cuenta el lado del cuero que quedará hacía dentro y hacía fuera, siempre dejando el menos basto para dentro para evitar despeinar al ave. En algunos cueros y según su curtición, se aprecia a simple vista. Sabiendo ésto, marcaremos por el lado que vaya a ir hacía dentro.

2.-Cortamos con suma delicadeza, utilizando un cutter.

3.-Biselamos la piquera, para una mayor adaptación y que no dañe la cera.

4.-Marcaremos las puntadas (con la ruleta o un compás) y los cortes de los cerraderos.

5.-Hacemos los agujeros con el punzón.

→ *5.a.- Aquí daríamos el tinte y/o realizaríamos los grabados.*

Puntos rojos se tienen que unir y empezar a coser por ahí.

Puntos negros por donde hay que coser

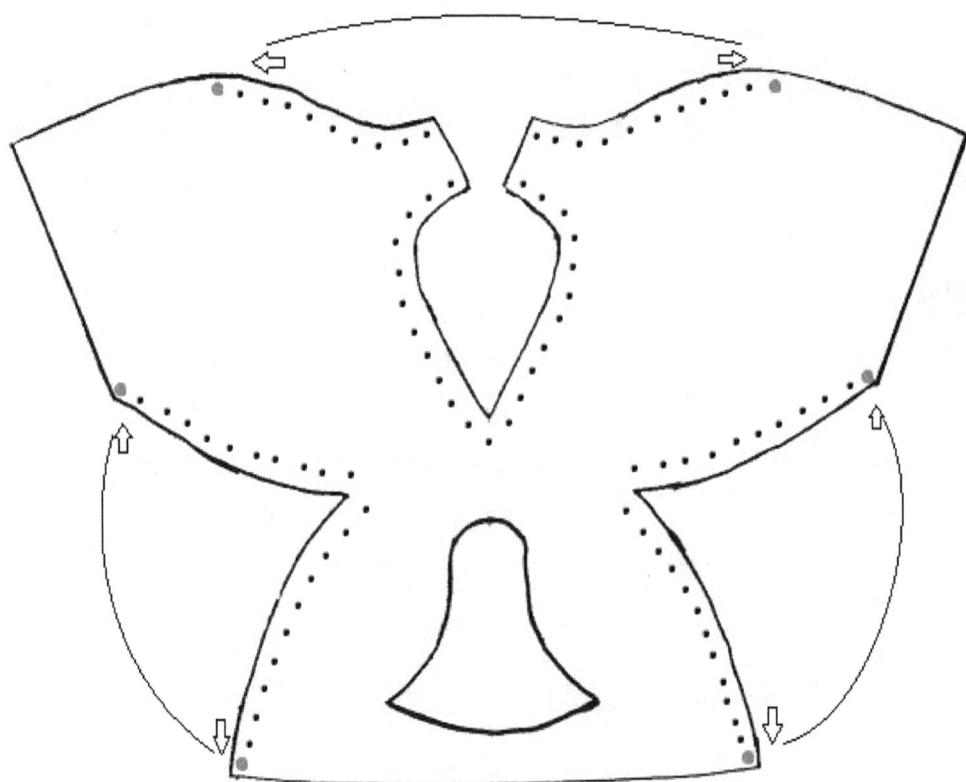

– Tipo de costura.

6.–Y empezamos a coser con un hilo preferiblemente sintético para evitar que se pudra. La costura será vista en X, como muestra la foto.

Empezaremos siempre por los extremos e iremos subiendo (es solo un hilo). Empezamos con el negro y al llegar arriba bajamos por el gris.

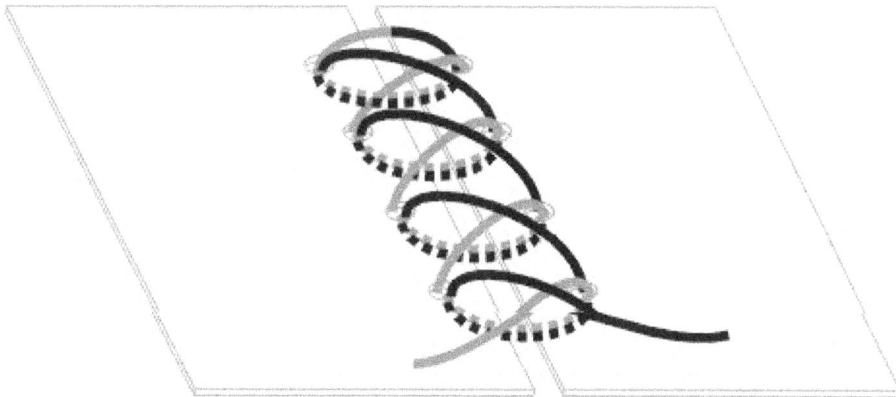

Vista de la costura en X

7.–Una vez cosida, con un boteador o algo similar (un trozo de madera lisa) que no dañe el trabajo, frotaremos suave las costuras para que asienten y daremos un poco de forma a la caperuza.

8.–En este paso haremos el copete a nuestro gusto (al final se muestra un modelo).

9.–Si quisiéramos hormarla, éste es el momento. La mojaríamos debajo del grifo con agua templada y la colocaríamos en la horma. De no tener horma, la humedeceremos con una esponja o con un pincel por los bordes, y con los dedos le daremos un poco de forma. Dejar secar a temperatura ambiente.

– Colocación de cerraderos.

Faltarían los cerraderos. Éstos podemos hacerlos del mismo cuero de caballo, o de otros, como el canguro o el ciervo. Son dos tiras de unos 15cm x 5mm, se pueden hacer mas largas o mas cortas, dependiendo de los gustos de cada uno. Pongo fotos para apreciar los ojales y las distancias entre éstos y el botón.

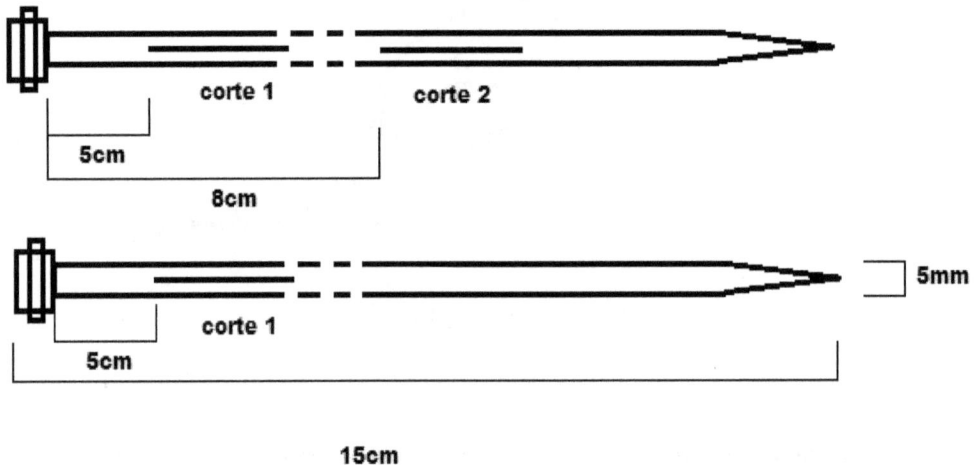

Una vez marcados y cortados, las colocaremos como se muestra en la imagen. Los extremos con botón son para abrir y los otros dos para cerrar. Como ya habíamos comentado, usaremos dos tipos: los de "tipo fuelle" y los de "tipo inglés". Para la kirgui usaremos el de "tipo inglés". Su colocación es sencilla, que consta de 6 ojales, 3 a cada extremo de la caperuza.

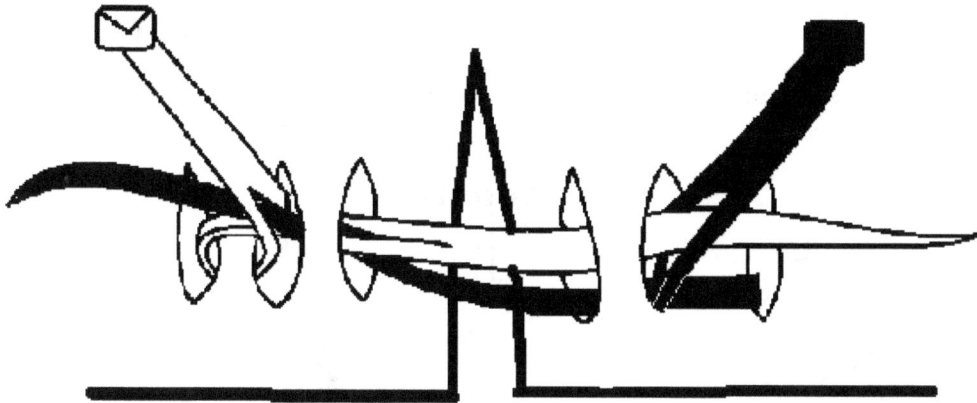

Introduciremos un cerradero por el ojal del medio o segundo ojal, saldrá por detrás, lo pasaremos por el primer ojal. A continuación lo pasamos por el ojal del cerradero que está próximo al botón, y después por el segundo ojal, para que salga por el tercero desde atrás. Así, en el otro lado también, una vez los dos pasados, se entrecruzan por el ojal que tenía un solo cerradero mas alejado del botón, se pasa cada extremo por el tercer ojal de la caperuza, salen por el del medio o segundo ojal para pasar por el ojal del cerradero próximo al botón. Y ya tendremos nuestro cerradero terminado.

– **Collarines**.

Si la quisiéramos con collarín, el cual aportará rigidez a la caperuza, lo colocaríamos entre el paso 8 y 9. Éste no es mas que una tira de cuero fino, si no se dispone de rebajadora, se puede emplear forro de cerdo. Cortamos una tira del perímetro del cuello de la caperuza, con un ancho de 1cm aproximadamente, para quedar 5mm por cada lado (interior y exterior). Lo podemos colocar pegado, cosido (interior o exterior) o pegado y luego cosido. Yo prefiero pegar y coser para asegurar mas. Hoy en día hay tijeras que tienen un corte en sierra y nos pueden aportar un collarín diferente al monótono recto de toda la vida.

Para coser el collarín, pondremos éste a ras con el borde de la caperuza, y realizaremos una primera costura por donde indica la línea de puntos, que será aproximadamente a unos 3mm del borde.

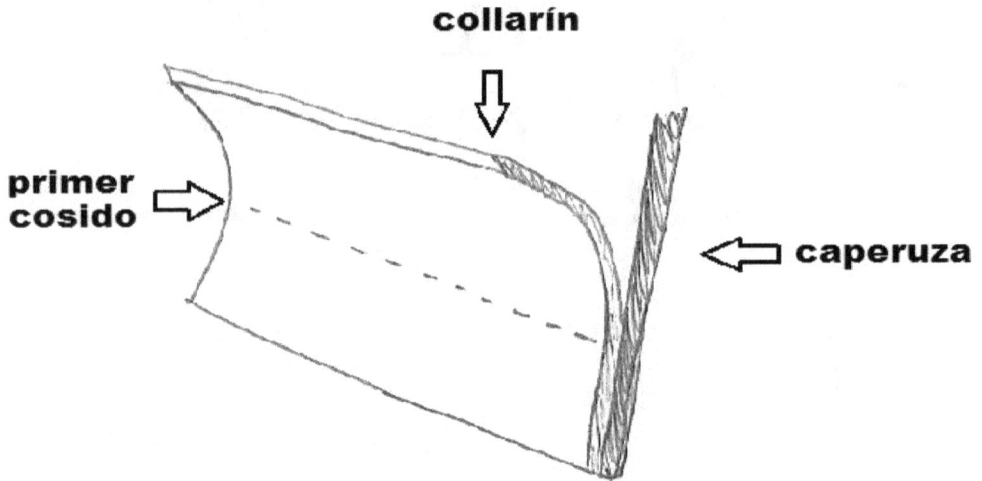

collarín

primer cosido

caperuza

Luego haríamos una segunda costura, doblando el collarín, y cosido por dentro de la caperuza.

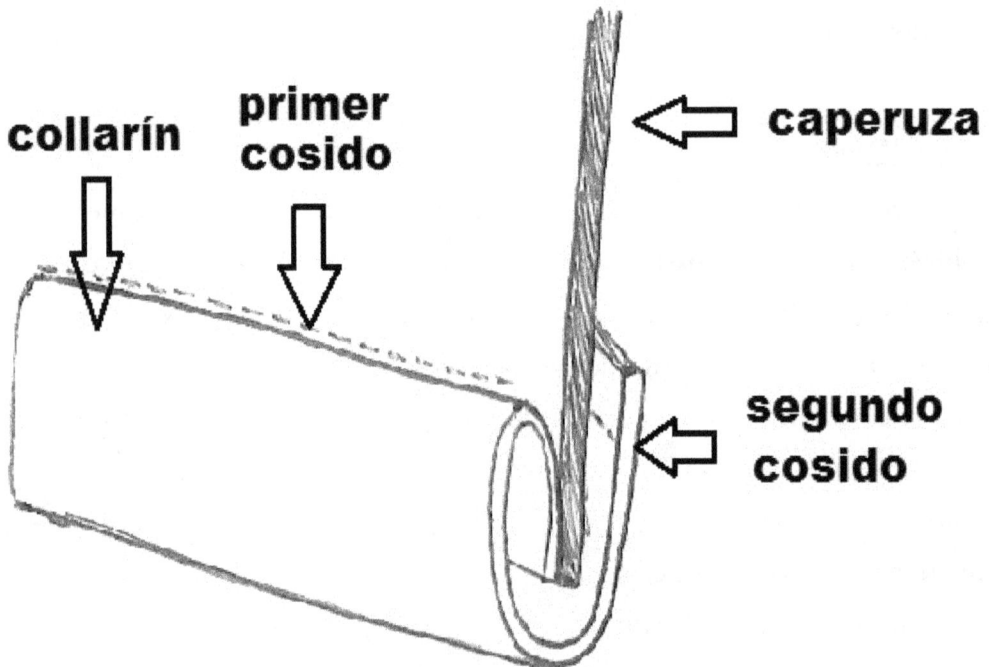

collarín

primer cosido

caperuza

segundo cosido

Variantes de collarín:.

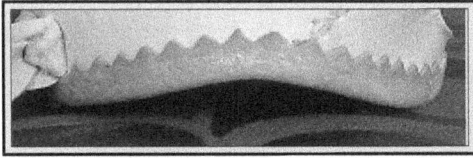

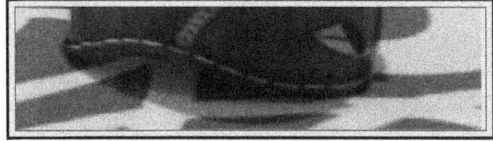

– <u>Copetes</u>.

En las kirgui el copete parece que no ofrece mucho juego pero nada mas lejos de la realidad. Para un copete básico se emplearían 2 tiras de unos 15cm cada una y una anchura de unos 3-4mm. Simplemente sería unir las dos tiras como si fueran una, y hacer un nudo por la mitad, pasar los 4 extremos por el agujero del copete, poner un

abalorio, hacer un nudo turco y ya tendríamos el copete. También se pueden hacer de plumas... varios diseños.

El nudo turco puede darnos problemas al principio hasta conseguir dominarlo. Pongo imagen explicativa por pasos ya que será mas fácil.

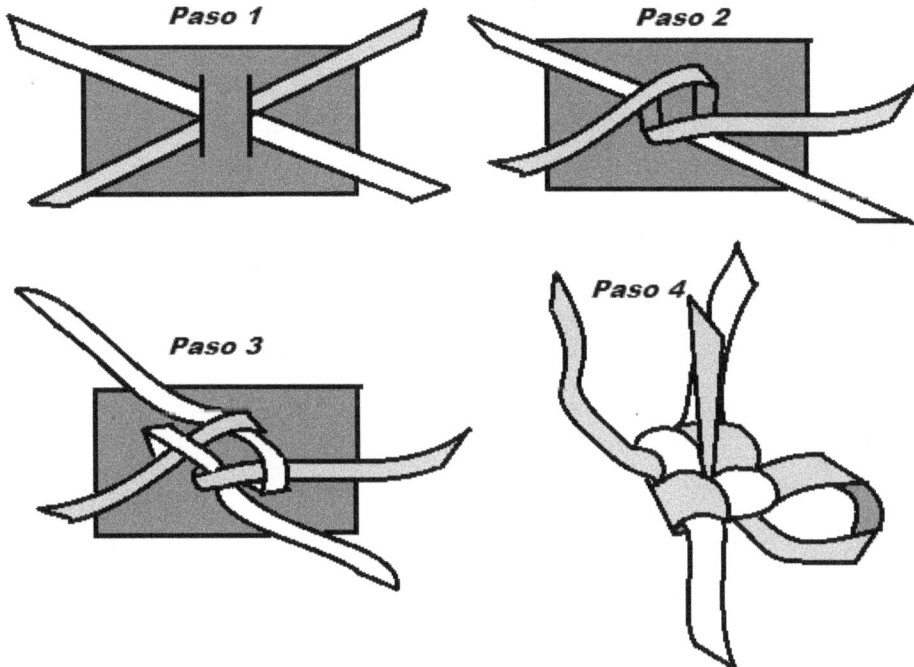

Se termina pasando todos las terminaciones por el medio como en el último paso. Luego la iriamos apretando tirando un poco de cada extremo, hasta que quede bien apretado.

Resultado final:

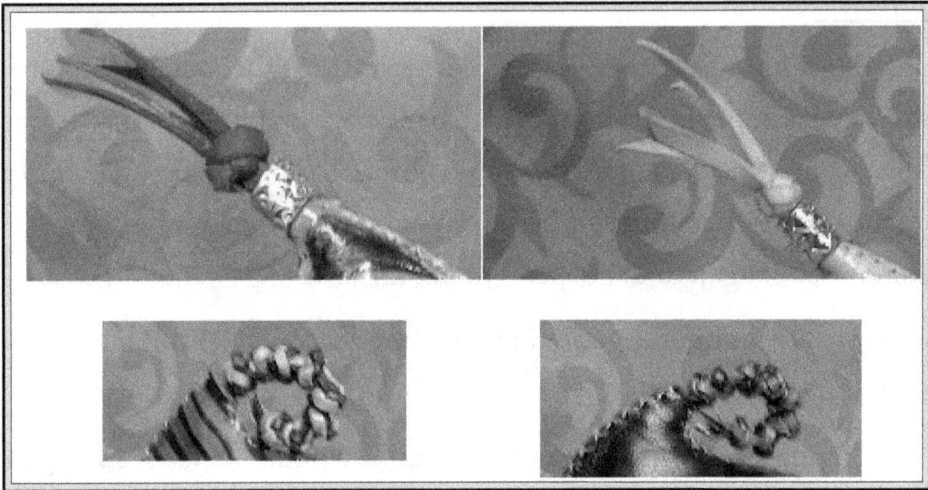

Alternativas de copetes.

También podemos hacer varios nudos turcos, como por ejemplo para hacer la cola de escorpión, como en la fotografía superior.

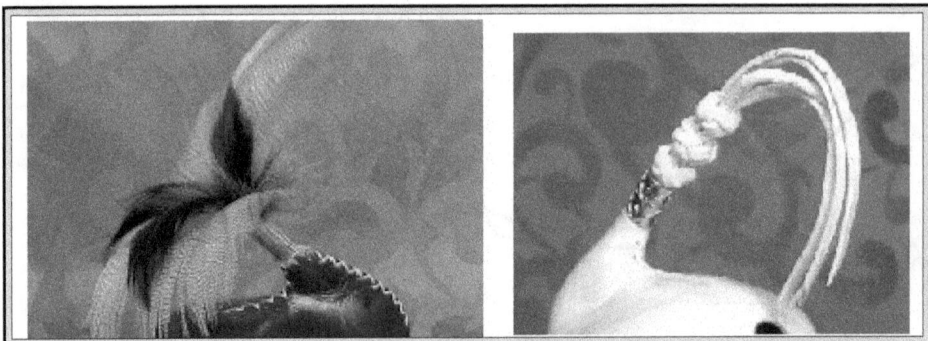

Variantes de copetes, uno de ellos hecho con plumas de azulón.

Caperuzas kirgui terminadas

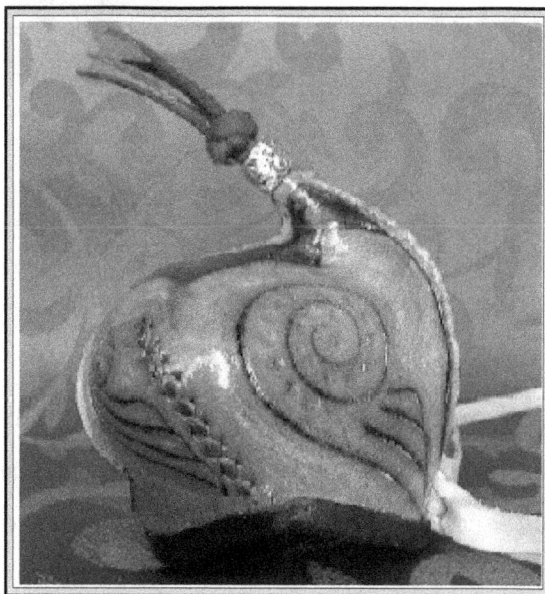

HOLANDESA

Una vez estamos en el mundo de la artesanía nos entra el gusanillo y nos será difícil dejar de confeccionar aparejos, sobre todo las caperuzas. Y para que tengáis mayor campo de elección, vamos a por la Holandesa.

Esta caperuza suele ser la mas utilizada, sobretodo para halcones. Con esta entramos en un nuevo nivel de dificultad, ya que son 3 piezas y tanto podremos coserla a costura vista como a media carne. No os asustéis ya que es muy sencillo, solo requiere práctica. Solo tener en cuenta que en el cosido a media carne se urarán preferiblemente cueros de unos 2mm aproximadamente para facilitar la costura y que no rampa facilmente.

– Los tipos de costura:

1ª La primera que explicaremos será la costura vista. A diferencia de la Kirgui, esta no será en forma de X, ahora que os habíais aprendido la de la Kirgui, ¿no? Pues toca cambiar. Y como siempre vale mas una imagen que mil palabras

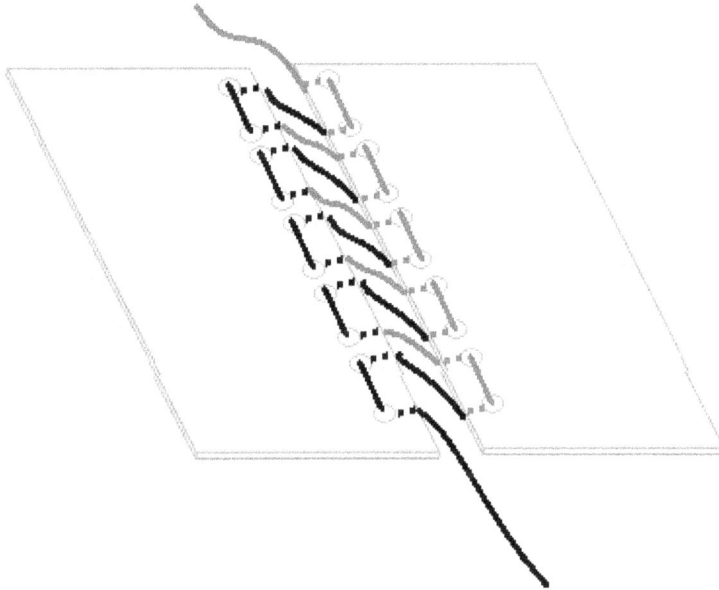

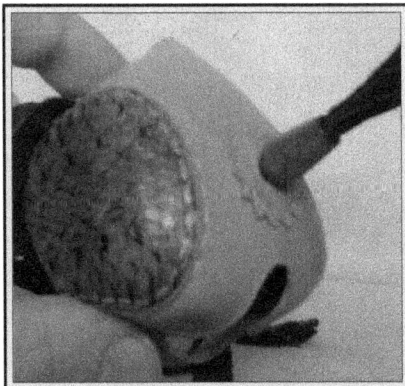

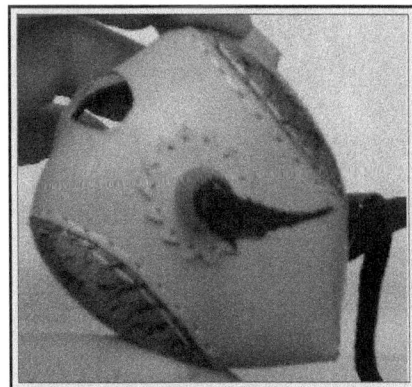

Muestra de costura en caperuza holandesa con serpiente.

2ª Otra costura será a media carne. Si tenemos un punzón de lenza, nos ayudará a marcar las puntadas mejor. En este caso, marcaremos las puntadas con la ruleta por lo que será en la parte interior de la caperuza a una distancias de 1mm mas o menos del borde y con un punzón de lenza, si tuviéramos, (sino con la aguja), iremos pasando por la puntada y saldremos por la mitad del cuero. No nos olvidemos de biselar los bordes.

Con este tipo de costura corremos el riesgo de que si tensamos demasiado el hilo, puede tomar un acabado de "diente de sierra" y tambien de romper la puntada.

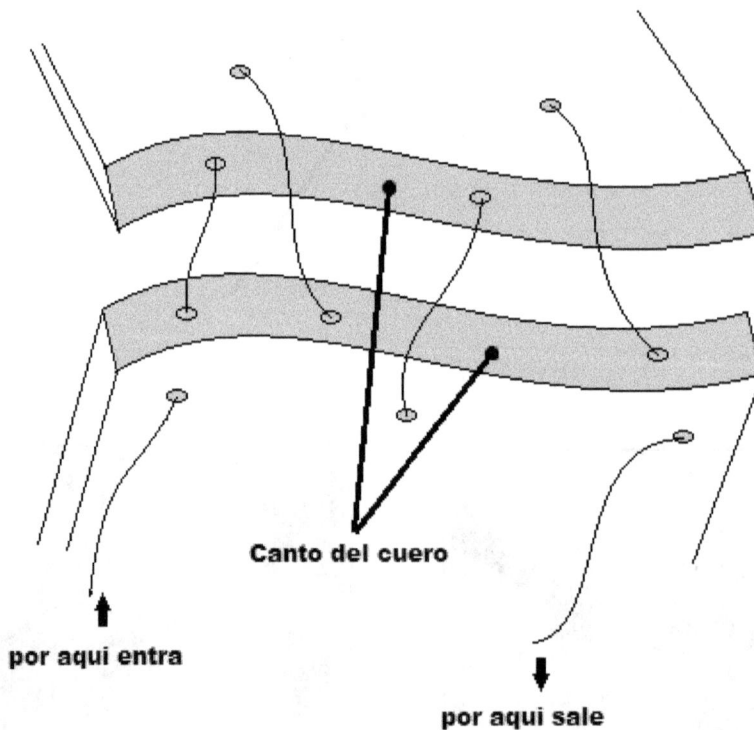

Canto del cuero

por aqui entra

por aqui sale

Dibujo de la costura a media carne.

Otros tipos de costuras que se emplean serían igual que la kirgui en X o a media X haciendo solo una pasada. Quedaría como la de la foto.

Costura simple.

– **Elaboración**.

Una vez que ya sabemos los tipos de costuras, elegimos el que vamos a usar y nos ponemos manos a la obra. Los pasos a seguir son los mismos que la anterior, por lo que no entraremos en detalles (consultar elaboración de kirgui).

1.–Marcamos el patrón en el cuero (patrones al final de este apartado de confección).

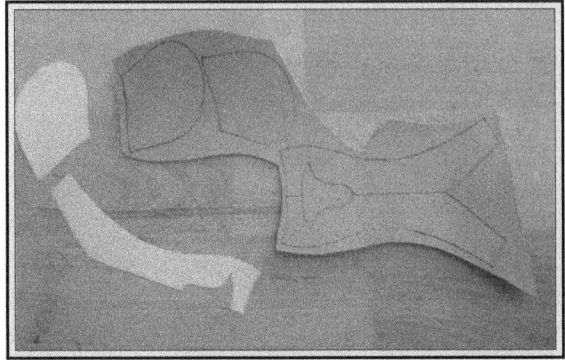

2.–Cortamos con suma delicadeza.

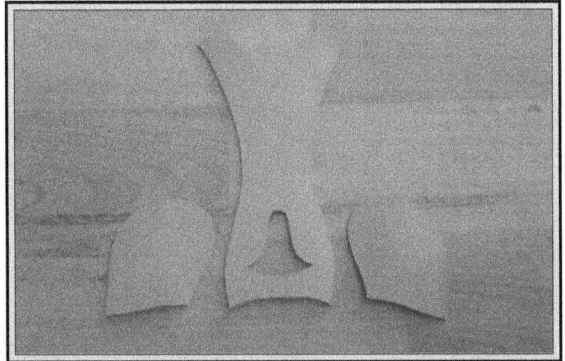

3.–Biselamos la piquera y los bordes, para una mayor adaptación y que no dañe la cera.

→ 3.a.– Aquí daríamos el tinte y/o realizaríamos los grabados.

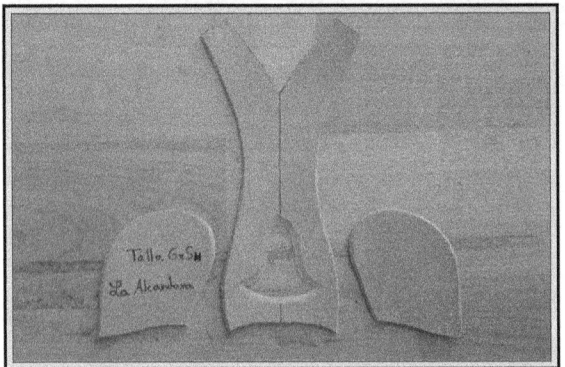

4.–Marcaremos las puntadas con la ruleta o un compás.

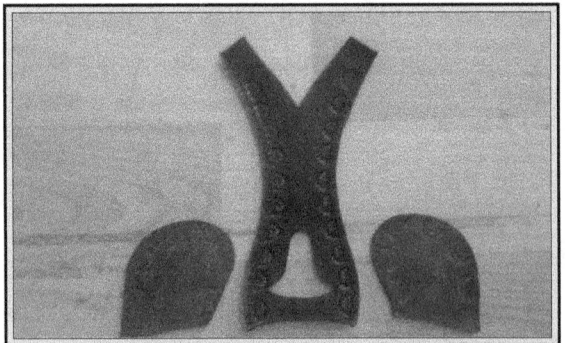

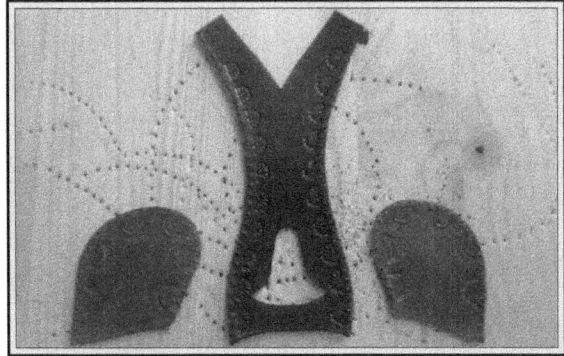

5.-Hacemos los agujeros con la aguja o el punzón de lenza.

6.-Y empezamos a coser. En este caso es una caperuza de 3 piezas, pero el procedimiento a seguir es el mismo, empezamos por la parte delantera hacía atrás.

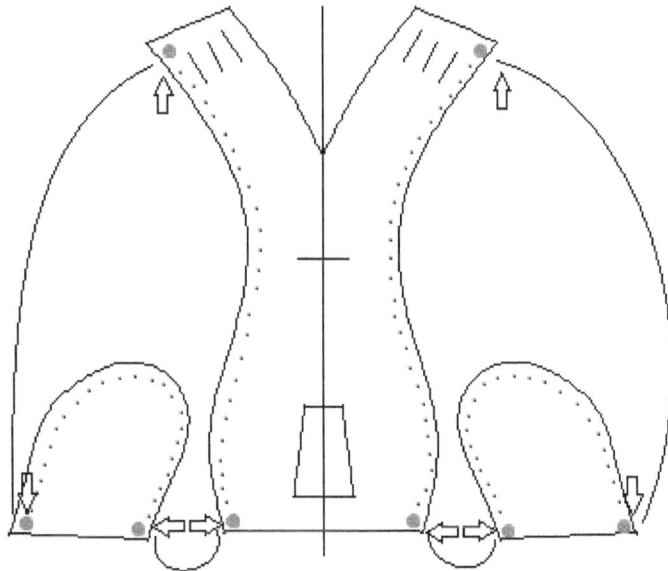

Hay que asegurarse que la costura vaya quedando bien ajustada pero sin apretar.

7.-Una vez cosida, con un boteador o algo similar que no dañe el trabajo, golpearemos suave las costuras, para que asienten, y daremos un poco de forma a la caperuza.

8.-Éste modelo de caperuza suele hormarse, aunque si no tenemos hormas podemos humedecerlas y darles forma con los dedos poco a poco.

Caperuza secando en horma.

9.-En este paso haremos el copete (al final se muestran modelos de copete). En este caso he hecho un copete de plumas de un cola roja y las centrales de azulon.

Alternativa de copete.

– <u>Colocación de cerraderos</u>:

En este modelo se emplea el cerradero "tipo inglés" al igual que en las kirguis, el método es el mismo.

– <u>Cerradero tipo fuelle</u>:

El método "tipo fuelle" se suele emplear para las caperuzas árabes, cuya confección no explicaremos ya que es muy similar a la holandesa, pero sí explicaremos como hacer el cerradero ya que este es diferente a lo visto hasta ahora. Los patrones suelen llevar marcados los ojales de la caperuza, pero por si no los llevara y tuviéramos que hacerlos, lo normal es un cerradero de doce ojales, seis a cada lado, aunque tambien los hay de mas. La clave es que siempre sean los mismos a cada extremo (que sean pares). Haremos un nudo como con el inglés, pero con este modelo de caperuza, tiene que unir la parte del ojo con la trasera.

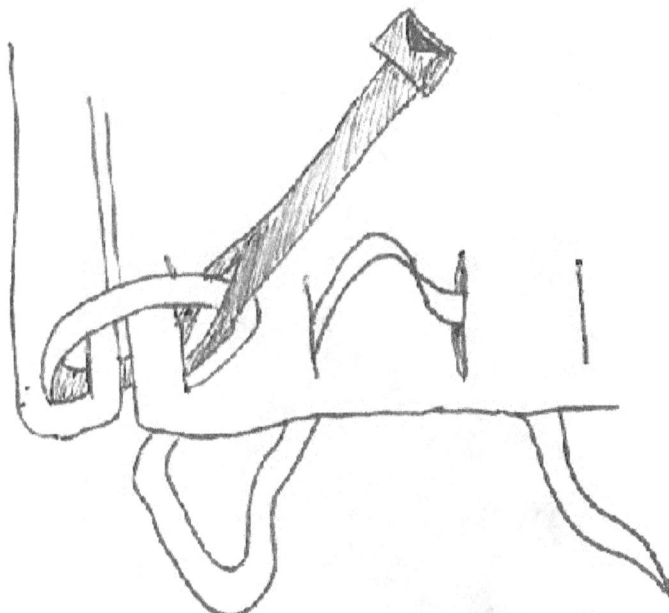

Colocación del cerradero izquierdo.

Luego pasaremos por delante y por detrás hasta llegar al penúltimo ojal, y en el otro cerradero lo mismo en dirección contraria quedando uno superpuesto al otro. Y para finalizar, pasamos el extremo del cerradero por el ojal del cerradero contrario.

Cerraderos cterminados.

Cerraderos trenzados.

ANGLO–INDIAS.

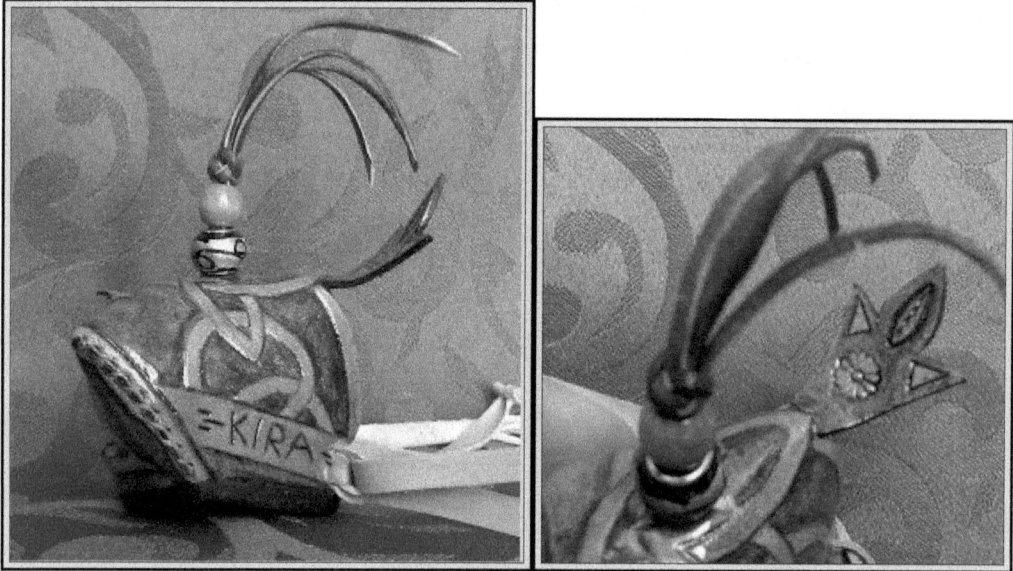

Anglo–india terminada.

Sabiendo bien lo anterior, ya podremos confeccionar diferentes tipos de caperuzas, como la anglo–india u otras. Solo será elegir el patrón que queramos y aplicar lo aprendido.

Patrón de anglo–india de prima de harris.

Caperuzas terminadas.

Kirgui

Holandesas

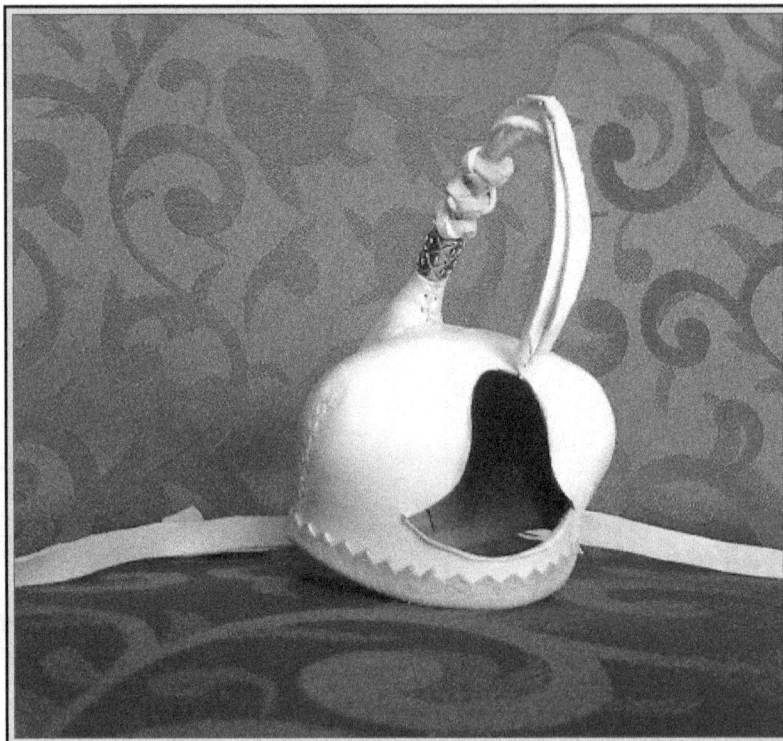

Kirgui

PORTA PICADAS.

Los porta picadas, como su nombre indica, nos sirve para transportar las picadas de nuestra ave, por lo que tendremos encuenta a la hora de su elaboración, que podamos introducir la mano sin problemas, sacar las picadas comodamente, pero sobre todo hay que tener en cuenta el tema de la higiene y limpieza del mismo. Por lo que yo recomiendo los portapicadas redondos,

ya que de esta manera podremos adaptar las medidas a nuestras necesidades y a algún recipiente como por ejemplo un vaso de plástico. De esta manera introduciremos el vaso en el porta picadas y las picadas en el interior de este, de tal modo que podamos desechar el vaso y el portapicadas quede como nuevo. Otra alternativa puede ser poner papel de aluminio, por ejemplo. Este tipo de porta picadas es muy sencillo de hacer, simplemente tendremos en cuenta las medidas en las que haremos el mismo. Teniendo esto claro, el patrón vendría a ser como este de la imagen:

borde

borde de la tapa

tapa

base

Nos dedicaríamos a coser cada pieza por la línea de puntos. Una vez hecho esto, tendríamos dos piezas, la tapa con el borde cosido a ella y el borde con su base cosida a el. Cortaríamos un trozo de cuero de unos 3-4cm de largo por 2-3cm de ancho, lo coseríamos al borde y al borde de la tapa , quedando las dos piezas unidas. Y ya tendríamos nuestro porta picadas.

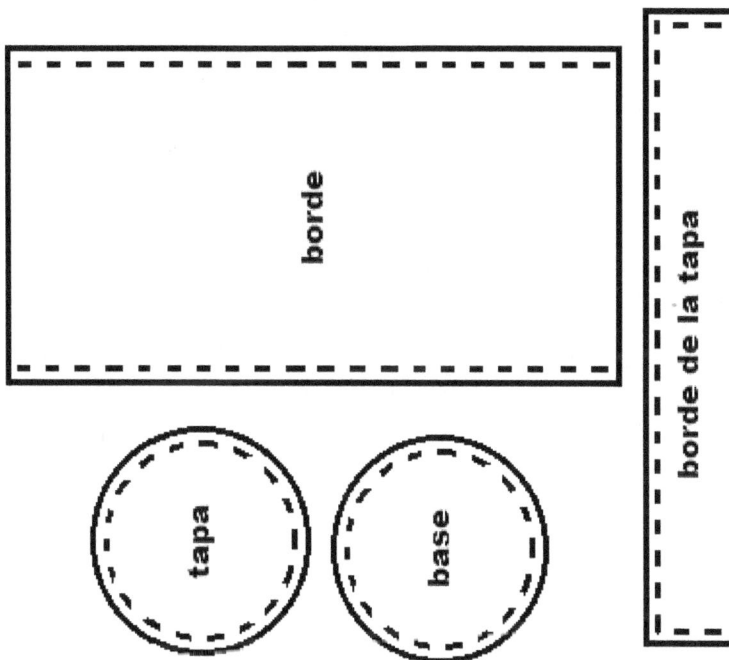

Consideraciones a tener en cuenta:

–La tapa debe ser ligeramente mayor a la base, para que encage encima del
    borde sin problemas.

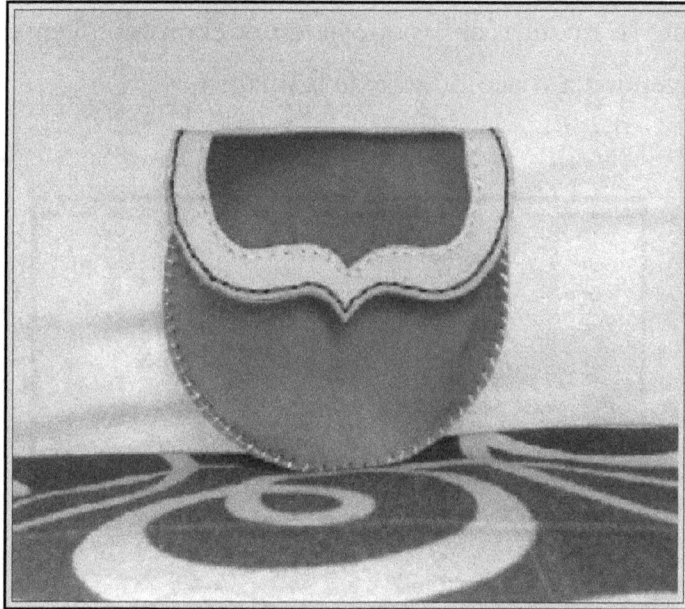

Variante de porta picadas.

–El cierre, puede dejarse como esta o se le podría poner un clip de imán o
un trozo de velcro. Esto va en función del gusto y del uso que se le vaya a
dar, ya que si estamos en adiestramiento dando picadas a diestro y siniestro,
no nos conviene un cierre de velcro, por ejemplo.

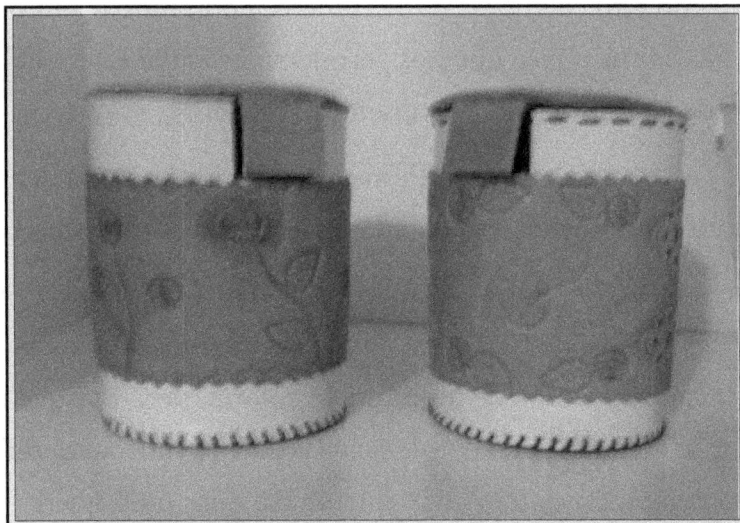

Variante de porta picadas con cierre de velcro.

GUANTE O LUA.

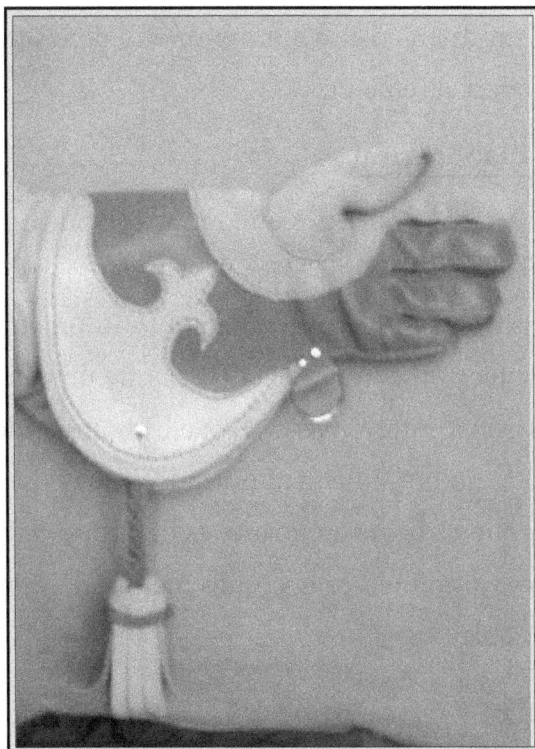

El guante o como es llamado en cetrería lua, es parte imprescindíble de nuestro equipo cetrero, ya que sin el no podríamos portar a nuestras aves. Para realizar un buen guante tendremos en cuenta su principal cometido, que no es otro que el de portar al ave. Por lo tanto debe de brindarle a esta facilidad de agarre y proporcionar resistencia a la perforación.

Teniendo esto en cuenta y aplicandolo, podremos añadir otros criterios como por ejemplo, que nos permita una fácil limpieza del mismo, de los restos de comida y cuidar su diseño y acabado.

Un buen material para la elaboración de la lua es el serraje, este nos servirá para casi cualquier ave, quitando las de cierto porte como la real.

Es un material que tiene cierta rugosidad para el mejor agarre del ave, pero cuidado y engrasado es de fácil mantenimiento y limpieza. Hoy en día podremos encontrar serrajes de multitud de colores, pero hay que tener en cuenta que si se le cambia el color de la lua al ave por otro muy diferente, esta puede no gustarle y con lo consiguiente asustarse o no querer venir a él.

Otros materiales que podremos usar pueden ser el nobuck, la vaqueta (esta es de mayor dureza por lo que mejor emplearla solo para refuerzos)... Una buena combinación para una lua de una prima de harris o similar, podría ser un guante de forro de cerdo de unos 2mm de grosor combinado con serraje para los refuerzos. De esta manera nos quedaría una lua flexible y cómoda en cuanto a movimiento de los dedos y resistente a la perforación en cuanto al refuerzo.

– **Elaboración**:

Podremos encontrar patrones en libros, internet... lo suyo sería que nos sacaramos el patrón de nuestra mano y hacernoslo a la medida y gusto. De todas maneras adjunto uno de mis patrones de talla mediana. Su confección es muy sencilla, ya que únicamente se trata de pasar las piezas del patrón al cuero, recortarlos e irlos cosiendo. Aquí es cuando se complica la cosa, no por dificultad porque es una costura normal, sino por monotonía, ya que elaborar un guante es un arduo trabajo. Cuando tengamos echo dos o tres y dominemos el cosido mejor, el avance en cuanto a tiempo es muy notable.

– En el patrón podremos observar las siguientes partes:

–Lenguetas interdigitales: son las tiras largas que irán entre cada dos dedos, uniendo la lua por los dedos.

–Patrón de la mano: es la lua propiamente dicha, sobre esta pieza pondremos los refuerzos.

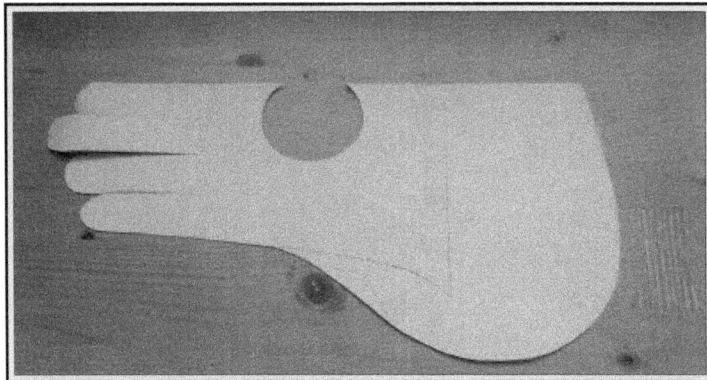

–Refuerzos: es donde portaremos al ave, por lo que miraremos su material mas que el del resto de los partes.

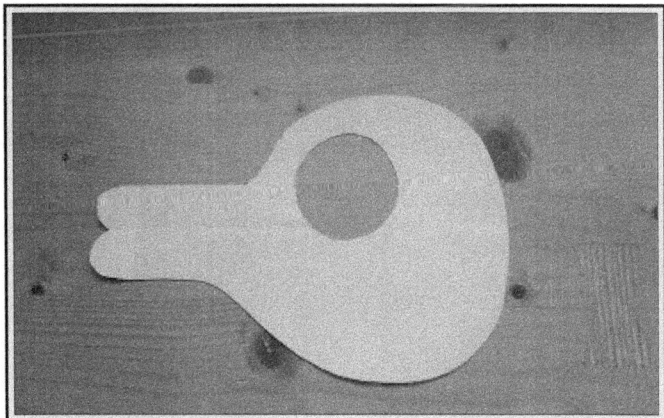

–Dedo pulgar: es el patrón de dicho dedo, teniendo en cuenta que el ave podría posarse sobre el o engancharlo. Dependiendo del ave que tengamos y el material a utilizar sería conveniente poner doble capa, es decir, dos patrones superpuestos.

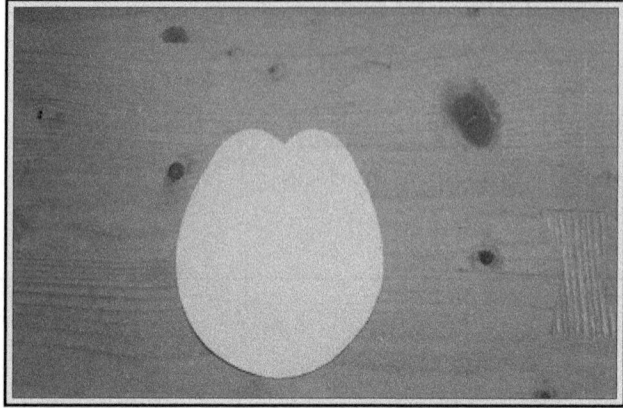

Una vez tengamos marcados los patrones en el cuero, los cortaremos con cuidado de no equivocarnos.

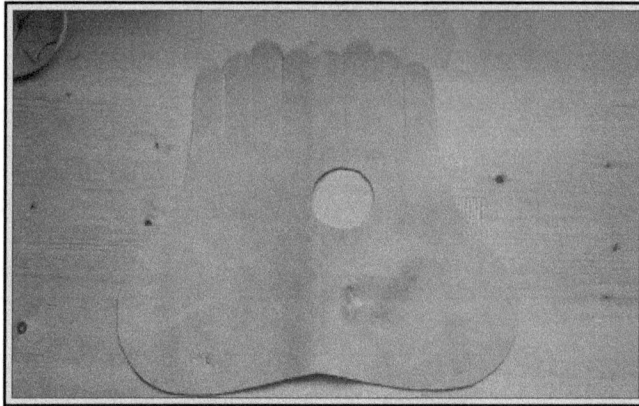

A continuación los pegaremos con un pegamento especial para cueros o en su defecto con cola de contacto y dejaremos secar un tiempo prudencial.

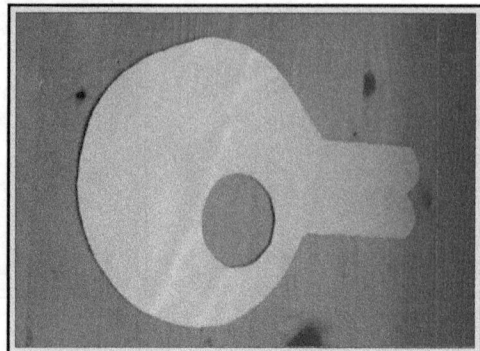

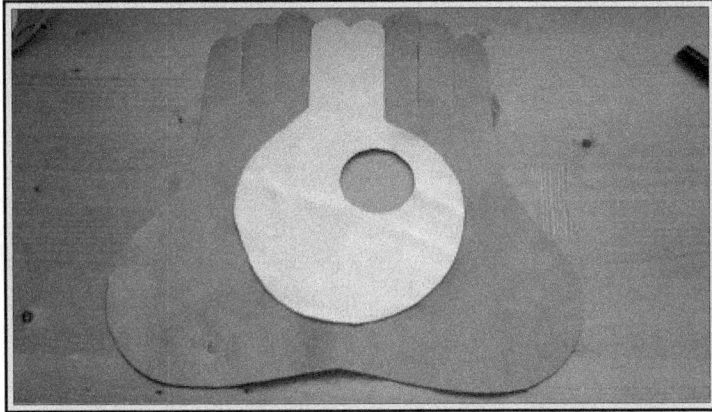

Una vez seco, ya podremos hacer el adorno y el borde. Una vez hechos los pegaremos tambien y dejaremos secar.

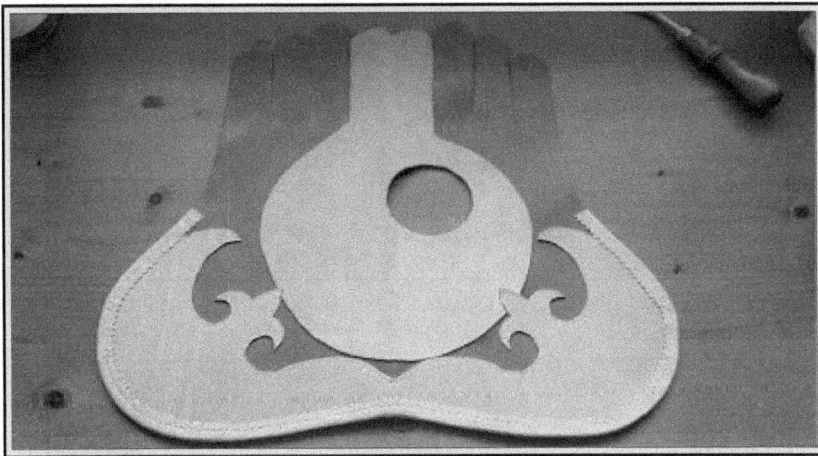

Estando estos últimos secos tambien, con la ayuda de la ruleta marca puntadas, marcaremos todo lo que se vaya a coser.

A continuación con el punzón procederemos a abrir los agujeros marcados por la ruleta.

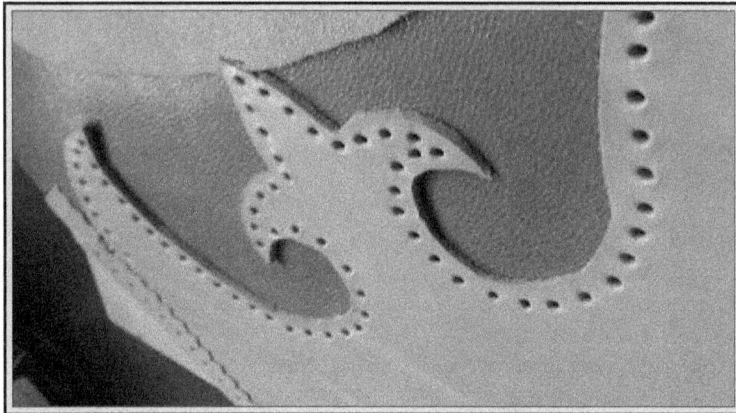

Una vez hechos todos, ya podremos empezar a coser con el hilo elegido.

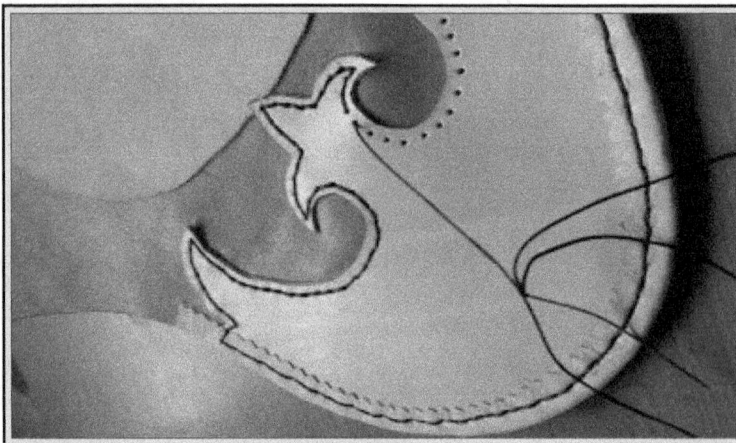

Una vez cosido todo, quedaría algo asi.

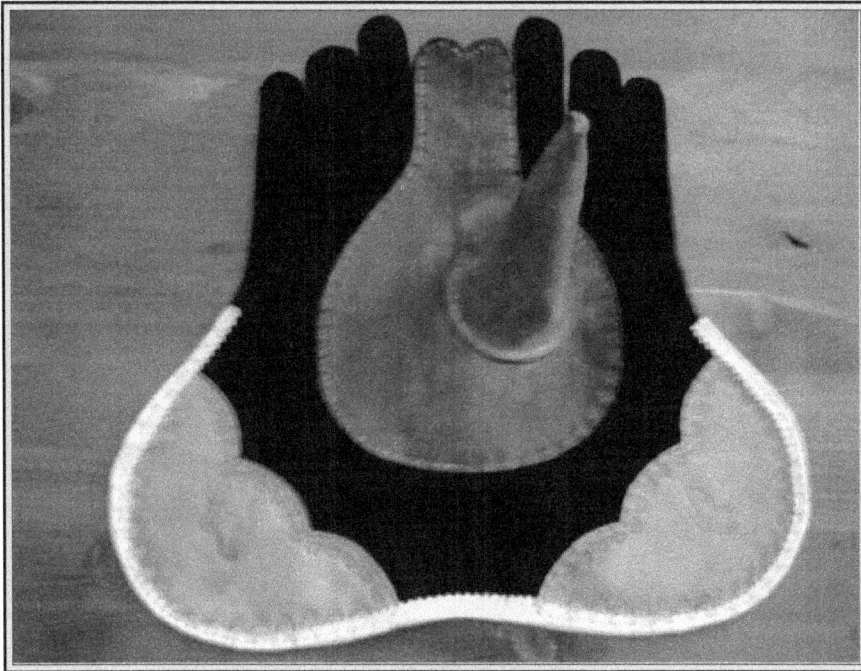

Lua antes de coser los interdígitos.

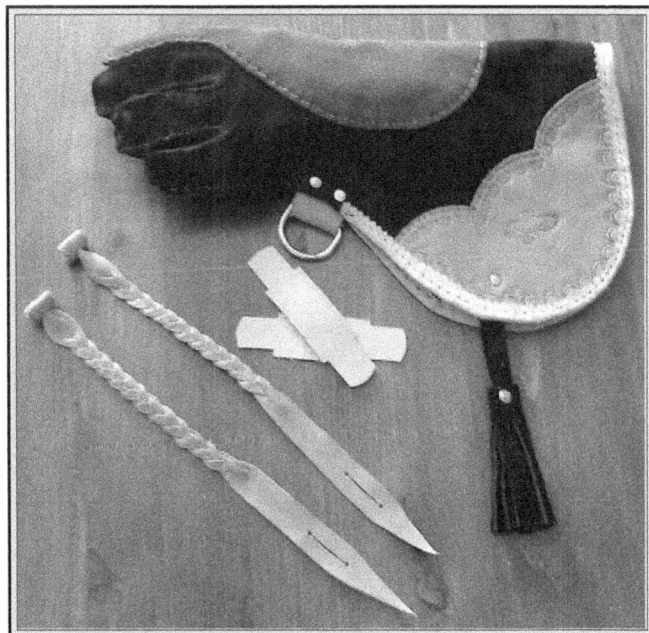

Ahora sería el momento de coser los interdigitos y rematar el guante (aqui colocariamos el piquete para el salto de lonja...)

Tendremos en cuenta colocar la hebilla para el salto de lonja que nos permitirá sujetar al ave a la lua. Yo prefiero colocarlo con remaches.

Sin olvidarnos del adorno, yo lo suelo usar para limpiarme los dedos despues de coger cada picada (mejor ahí que en la ropa) y también es por donde agarrar la lua para reclamar al ave, por lo que deberá ser resistente.

Adorno de lua, repujado en el cuero y tintado de negro.

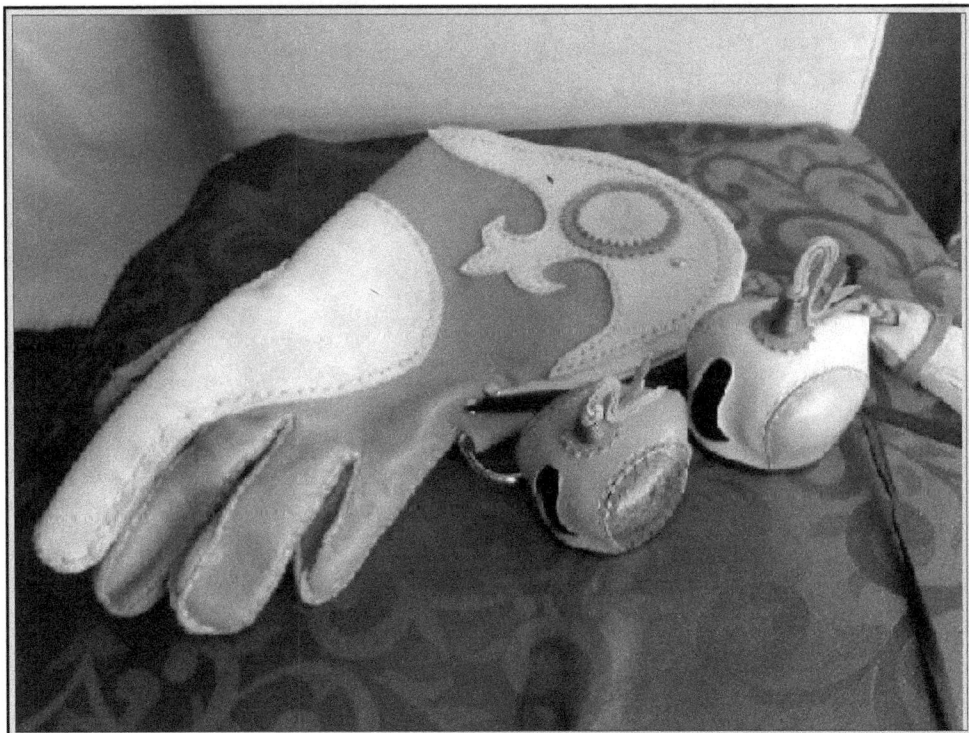

Lua con dos caperuzas holandesas.

– Salto de lonja.

Para el salto de lonja usaremos el mismo cuero o material que para la lonja, la largura será la que queramos darle, no seria conveniente mucha ya que el ave al debatirse chocaria contra el suelo si cayera. En un extremo le pondremo un enganche tipo mosquetón o similar y en el otro extremo llevará un ojal. El mosquetón ira a las pihuelas del ave o el tornillo y con el ojal haremos un nudo en la hebilla de la lua.

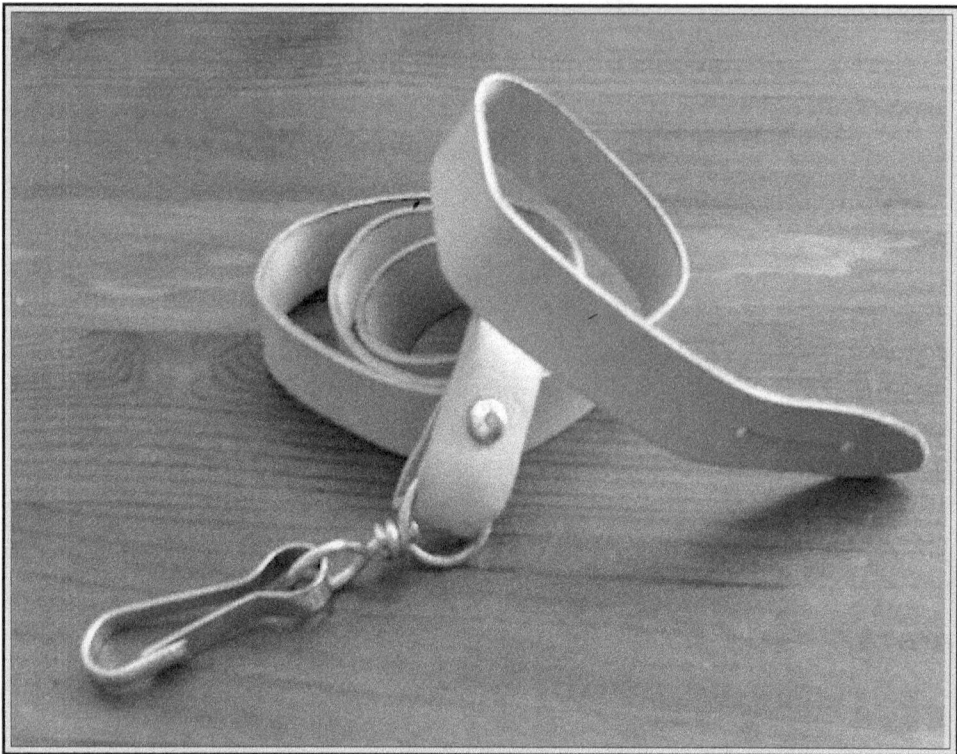

Salto de lonja.

SEÑUELOS

Los señuelos son quizás lo mas sencillo en cuanto a su elaboración, ya que nos da un poco igual si las puntadas no estan hechas con un marcapuntadas, por ejemplo. Se pueden elaborar de diversos materiales, aunque lo conveniente sería de cuero resistente teniendo en cuenta la presa a la que pretendemos simular. Si queremos hacer un señuelo de conejo, lo ideal sería curtir una piel de conejo y hacer con esta el señuelo.

Piel de conejo curtida y lista para elaborar un señuelo.

Bastaría con desollar un conejo cualquiera, eliminar al máximo los restos de carne y grasa de la piel, lavarla bien debajo del grifo con un poco de detergente, secarla bien, echarle sal por toda la parte interior y ponerla a secar al aire libre. Mejor si esto se hace en verano que en invierno. Pasados unos 3-4 dias veremos que la piel ha escurrido y se ha secado, la metemos debajo del agua para lavarla, eliminar la sal y reblandecerla. Y ya estará lista para el señuelo.

Para estos trabajos yo recomiendo usar hilo encerado de 1mm de grosor aproximadamente, para evitar que se pudra y rompa.

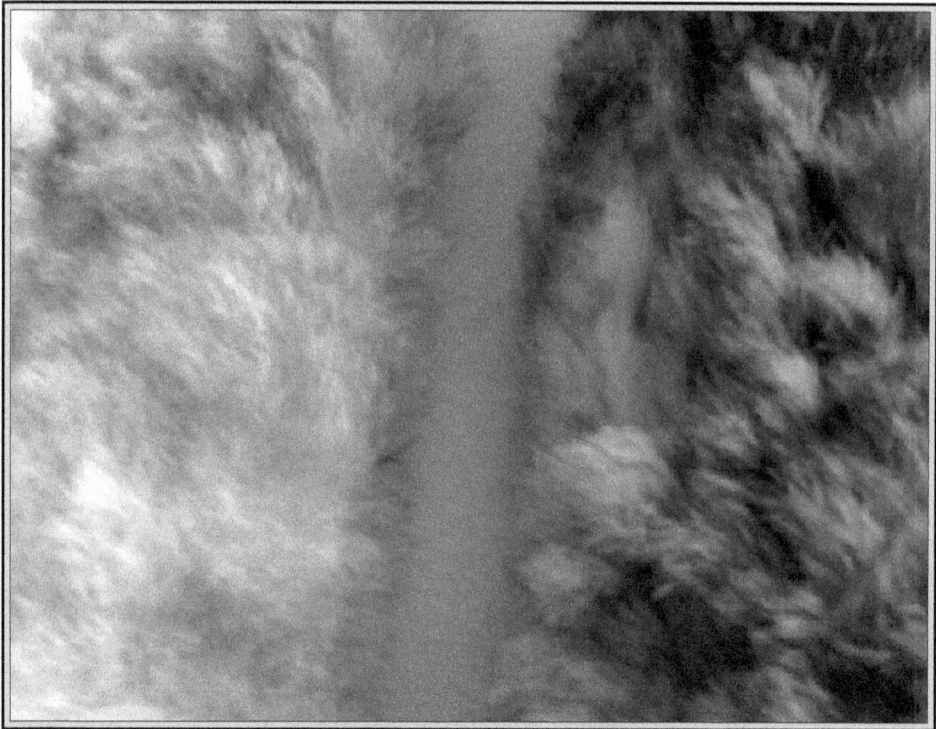

Comparación entre tonos de piel.

Para el relleno del señuelo se puede usar desde silicona, arena, hasta trapos, dependiendo del peso que le queramos dar. A mi me ha dado mejores resultados la silicona.

Para el señuelo de ave, son una buena opción dos alas secas de la presa a la que queramos introducir nuestra ave, por ejemplo, dos alas de corneja. Estas las coseremos a un cuero e intentaremos simular la forma del ave. Otra opción es hacer una silueta de ave en cuero o una simple herradura.

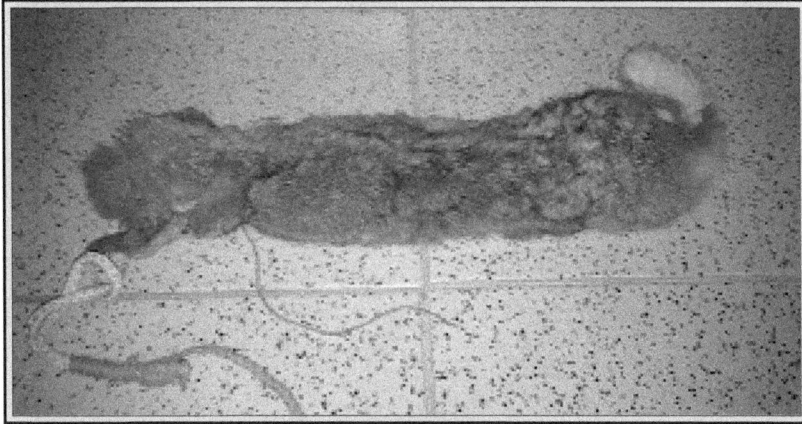

Señuelo de conejo.

Aqui enseño un señuelo de imitaciñon de ave echo con serraje marron, en la parte de la "cabeza" del señuelo tiene colocado un ollao para poder pasae la lonja para voltearlo. El la parte cental tiene dos correitas que nos permitiran sujetar la carne.

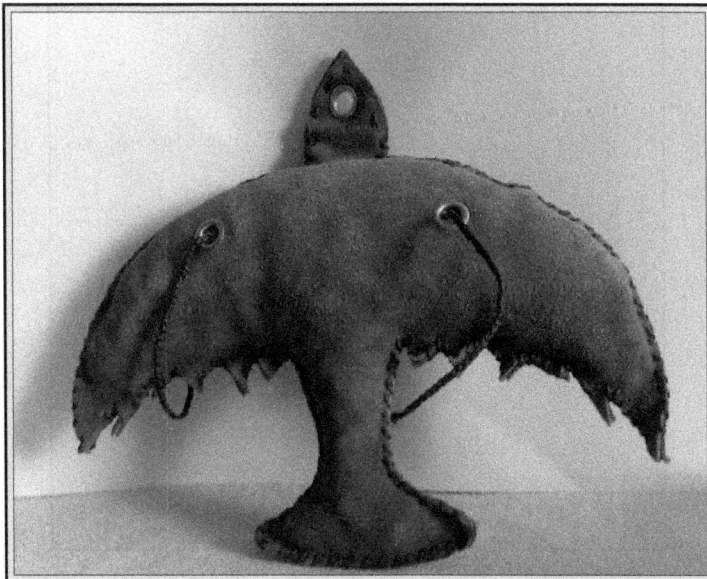

Este es el típico señuelo de herradura, con las mismas características que el de ave, un ollao para pasar la lonja u las correas para atar la carne.

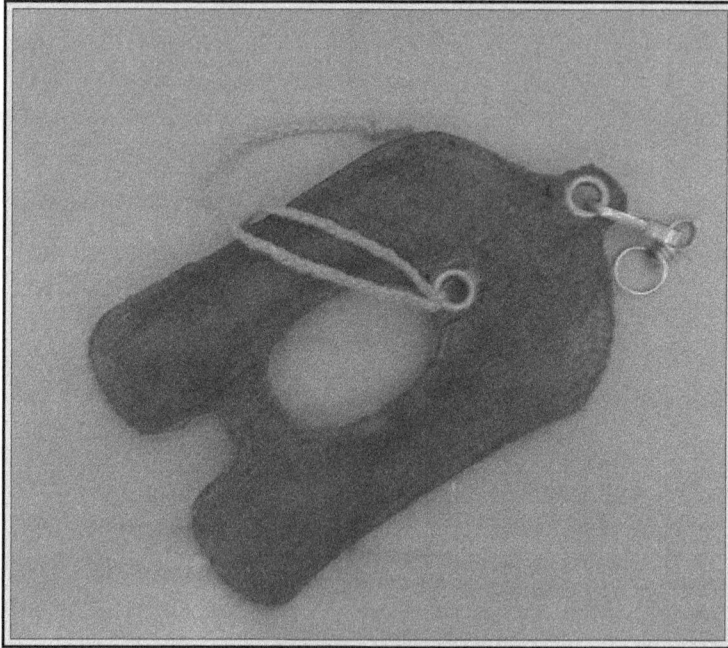

Señulo de herradura.

Morral para el cinturón

Adornos para copetes.

TRANSPORTINES

Los transportines son parte imprescindible del equipo, hay gente que prefiere llevarlos sueltos por el maletero del coche etc. Pero seimpre es mejor en transportín, ya sea por temas de higiene o de seguridad del ave (si pegas un frenazo, un accidente... el ave saldría rodando literalmente por el coche de no ir en un transportín).

Los hay de varios tipos y materiales, nos centraremos en los de madera. Los podemos hacer tanto individuales como dobles, triples... Pondremos de ejemplo uno doble con compartimentos para guardar material y un compartimento para llevar los escapes o para poner cajones. Lo primero será diseñar los planos del transportín, acoplandolo al maletero de nuestro coche y teniendo encuenta las medidas del ave.

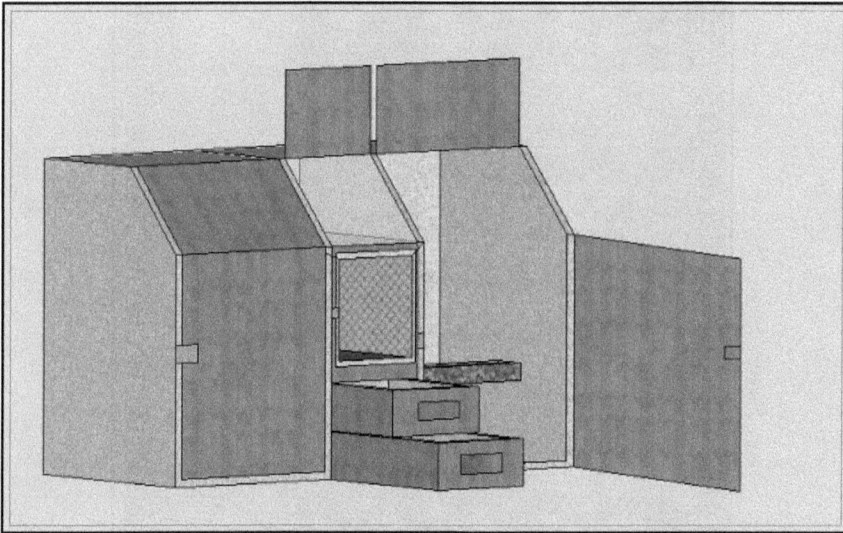

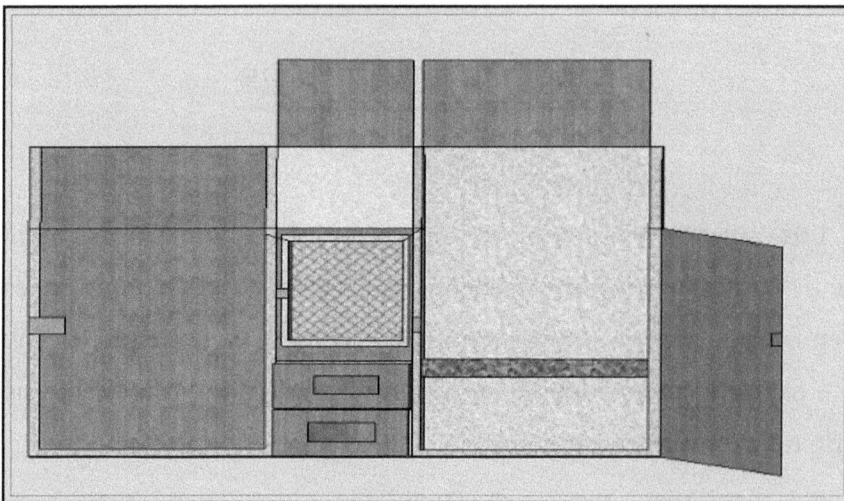

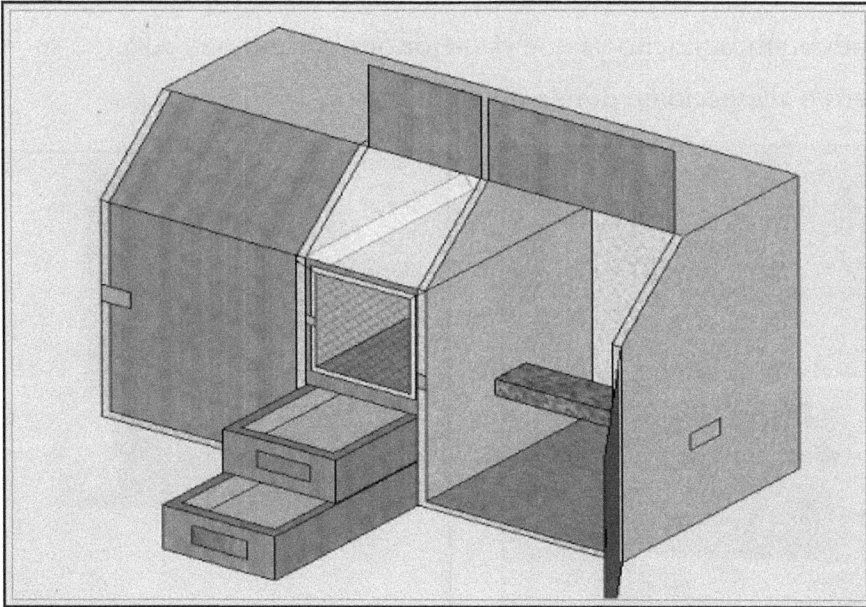

Tendremos en cuenta las medidas necesarias para los compartimentos donde irán las aves (altura, anchura, altura del posadero, etc).

Para la construcción de este usé madera de unos 2cm aproximadamente (las uniones fueron con cola y clavos). Aqui no profundizaremos mucho ya que es mejor que cada uno lo adapte a su maletero o al espacio en donde quiera llevarlo.

POSADEROS

Existen varios tipo de posaderos para nuestras aves, como serían los bancos para los halcones o las perchas para las aguilas, por ejemplo. Vamos a verlos uno a uno.

Los bancos, se pueden realizar de multitud de materiales, formas, adornos en su pie, para clavar, para superficies duras... nosotros nos centraremos en uno sencillo para poder realizarlo sin problemas en casa. Tanto para su base como para la parte superior, se pueden emplear tablas de cocina redondas (de las que se usan para poner en la mesa las cosas calientes encima), y usar un rodillo para el pie. Lo podremos encontrar todo en tiendas todo a 1€ etc, con lo que por unos pocos euros tendremos un banco. Si tenemos mas presupuesto, podemos encargarlo a un carpintero.

La parte superior la forraremos de astroturf unida con cola, ya que es un material mas que apto para los posaderos de nuestras aves.

Lo primero será saber que piezas necesitamos, os pongo un despiece de un banco para que os hagais una idea.

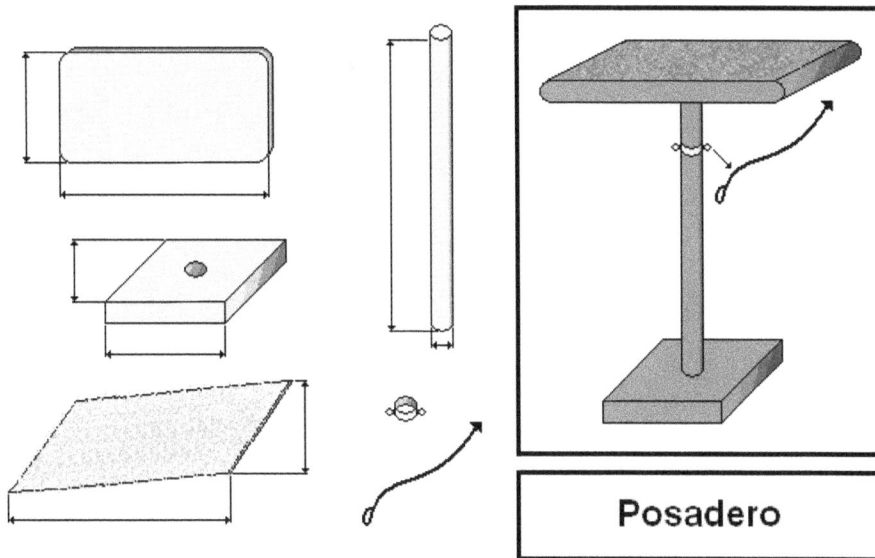

Posadero

Las medidas serán las que queramos darle según el tipo de ave. Una vez tengamos todo, solo queda montar, sin olvidarnos de colocar el aro de acero para atar al ave.

El posadero de tubo, es fácil de hacer, solo necesitaremos un pic y una tuberia para el cuerpo. La parte superior va forrada de césped o astroturf. En el centro podremos observar el enganche para sujetar al ave.

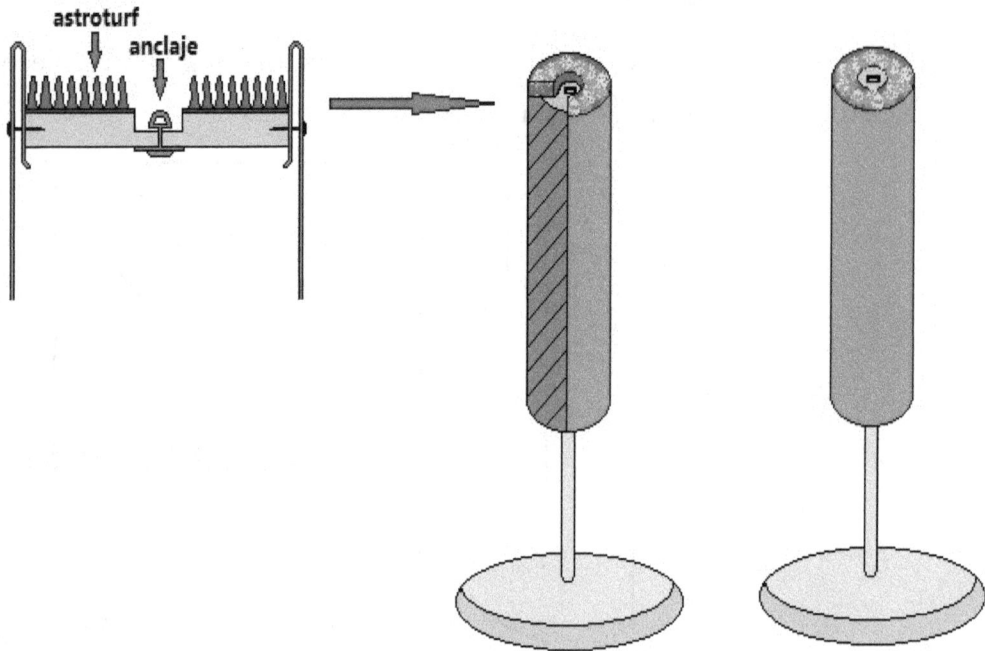

Plano interior del posadero.

Las perchas se suelen hacer de acero inoxidable. Las hay para clavar o con pie para superficies duras. Las podremos ver giratorias o tipo arcos, yo aconsejo los tipo arco. Si conocemos a un herrero este podría hacernos el arco y rematarlo nosotros, pero si no nos queremos complicar mejor comprar uno ya hecho.

HALCONERA

La halconera nos servirá para dejar al ave enjardinada y protegida de las inclemencias metereológicas. Os pongo los planos de como sería su despiece.

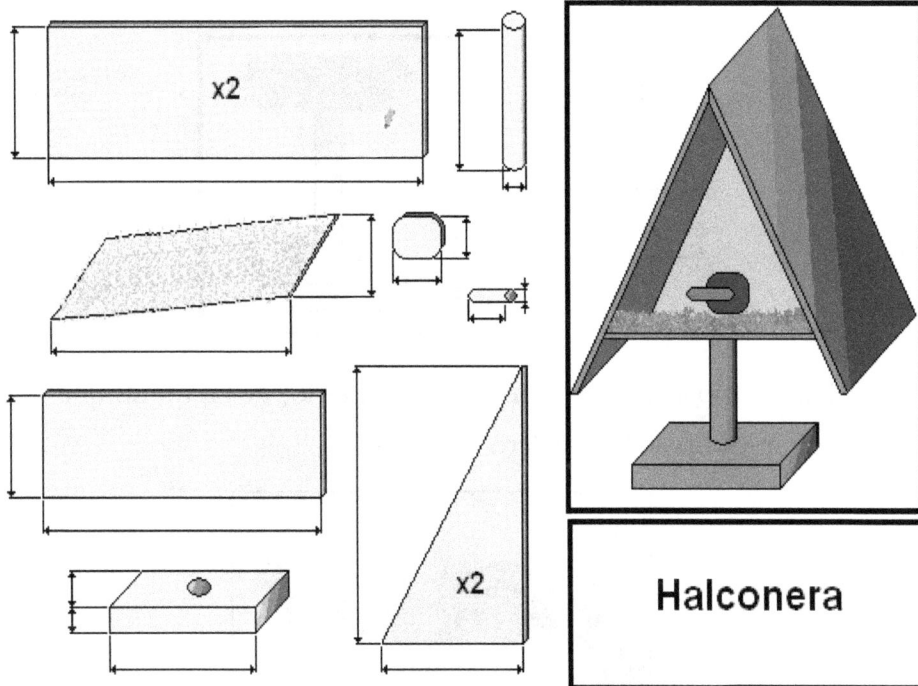

Halconera

POSADERO PARA LA BÁSCULA

Nos servirá para poder pesar al ave en la báscula, este puede tener diferentes formas, yo muestro la que yo utilizo. Adjunto planos del despiece.

Posadero
para
bascula

union con cola blanca

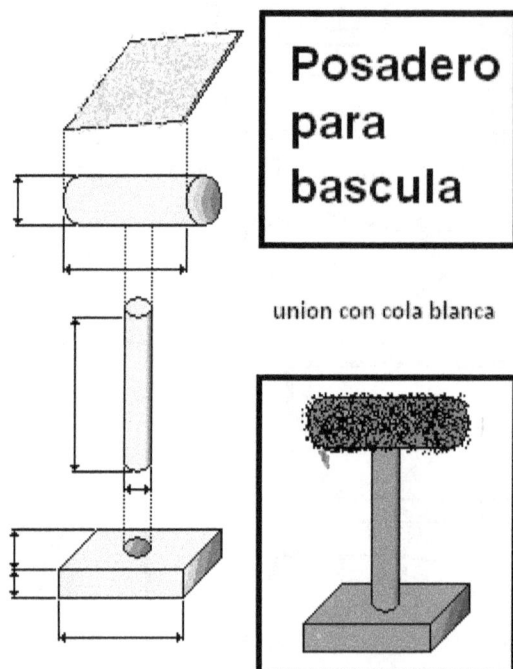

Para fijarlo a la báscula podriamos pegarlo, de tal modo que quedaría fijo, o podriamos fijarlo con velcro adhesivo.

Patrones Árabes: HEMBRA AGUILA REAL

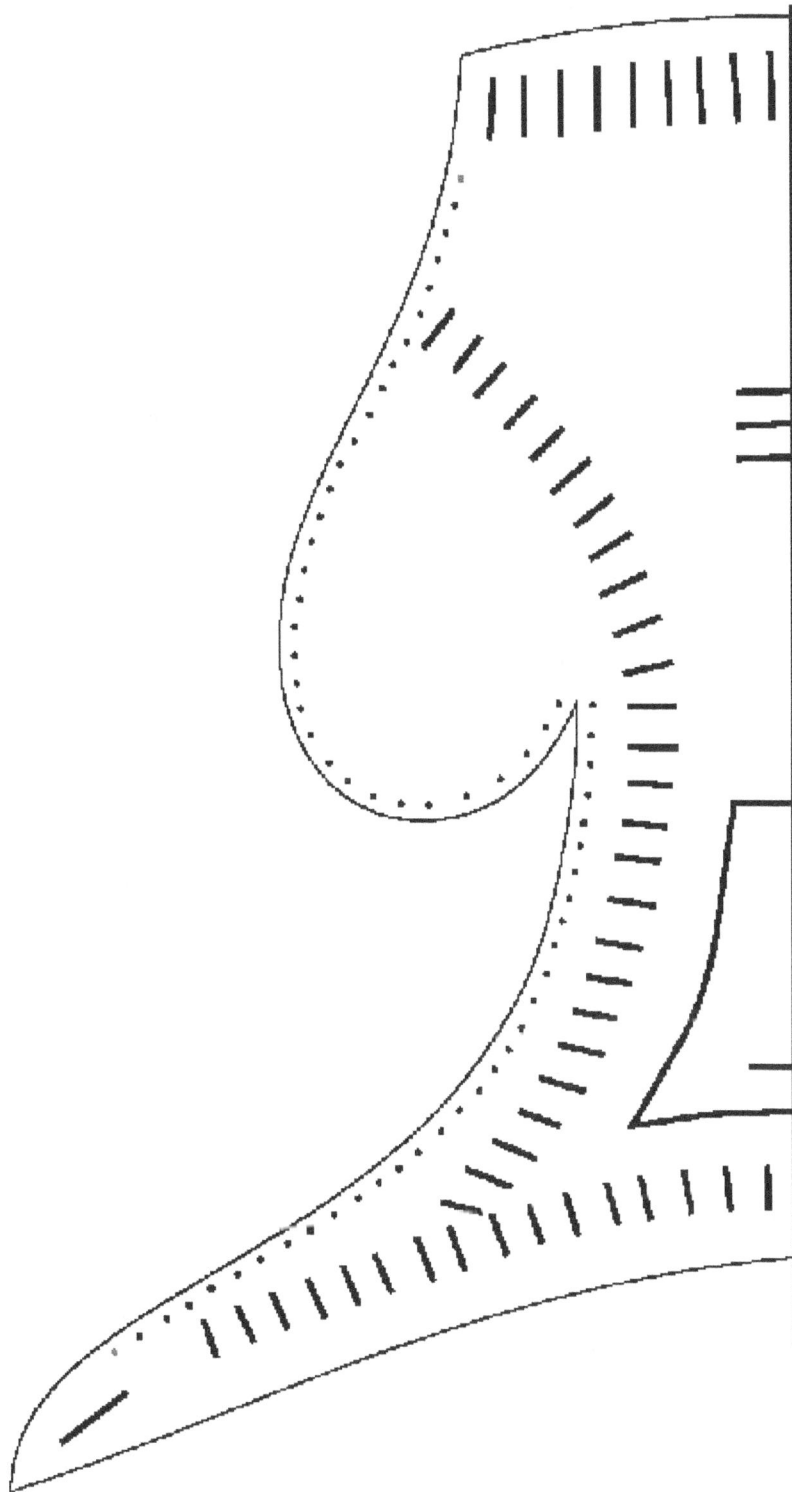

MACHO DE AGUILA REAL

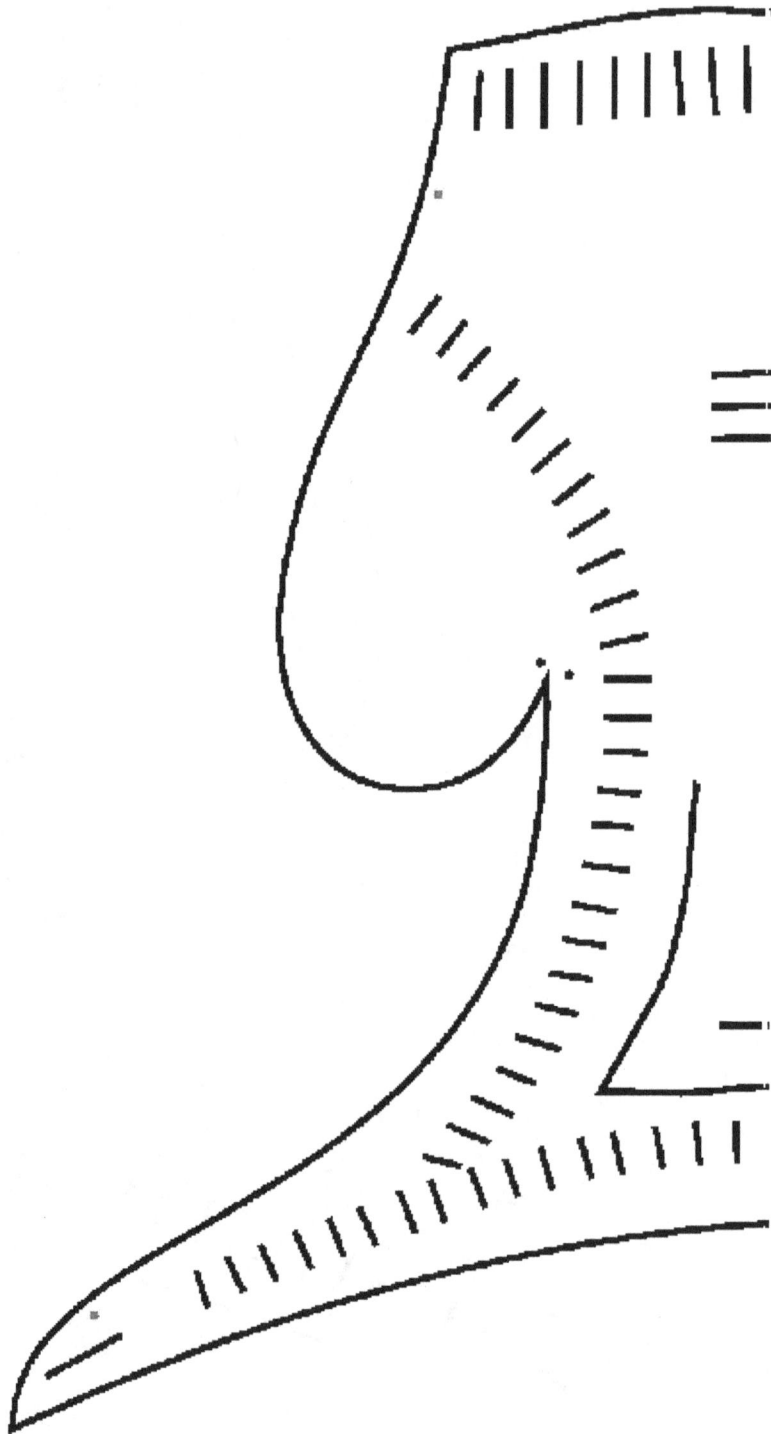

HEMBRA DE GERIFALTE

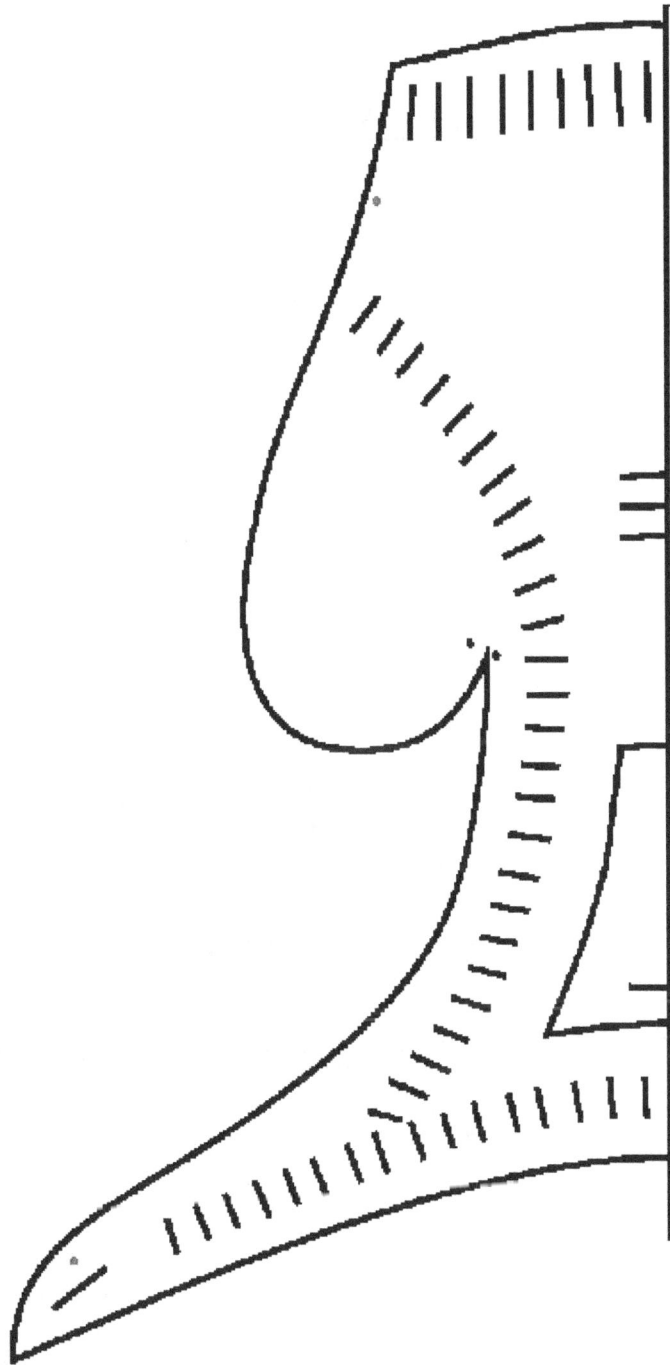

HEMBRA DE SACRE

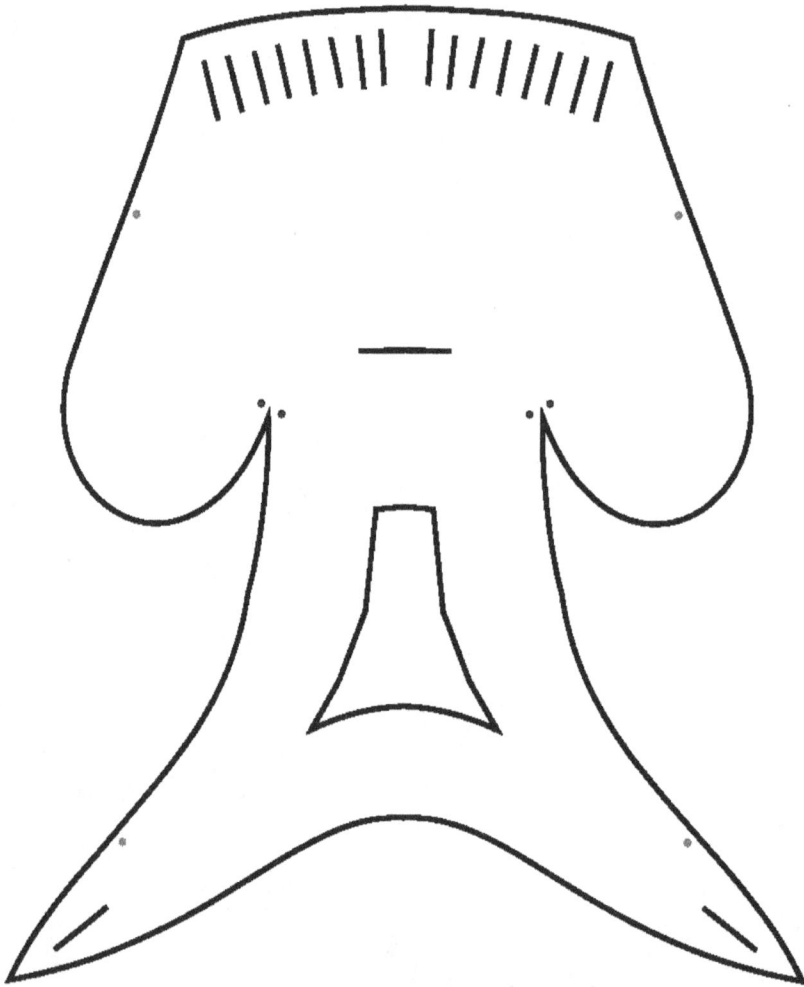

HEMBRA DE PEREGRINO

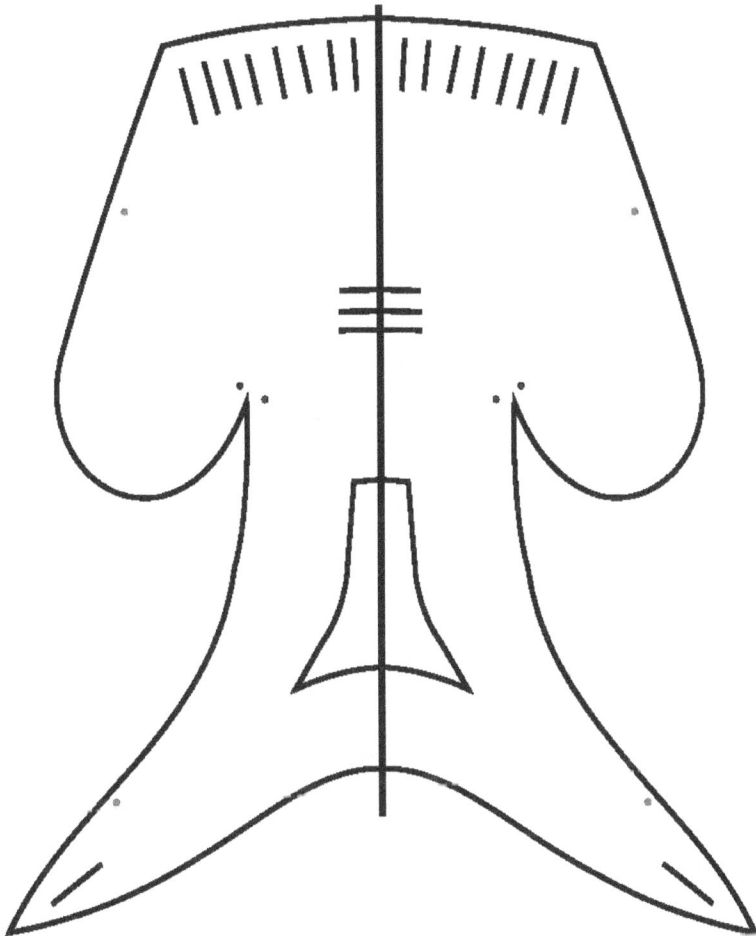

MACHO DE PEREGRINO

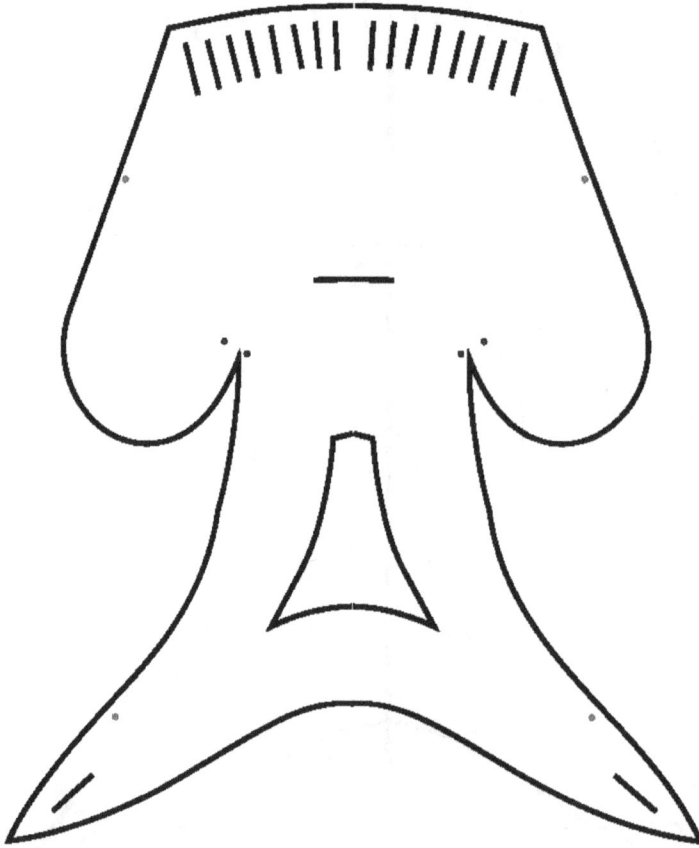

PEQUEÑAS RAPACES

HEMBRA

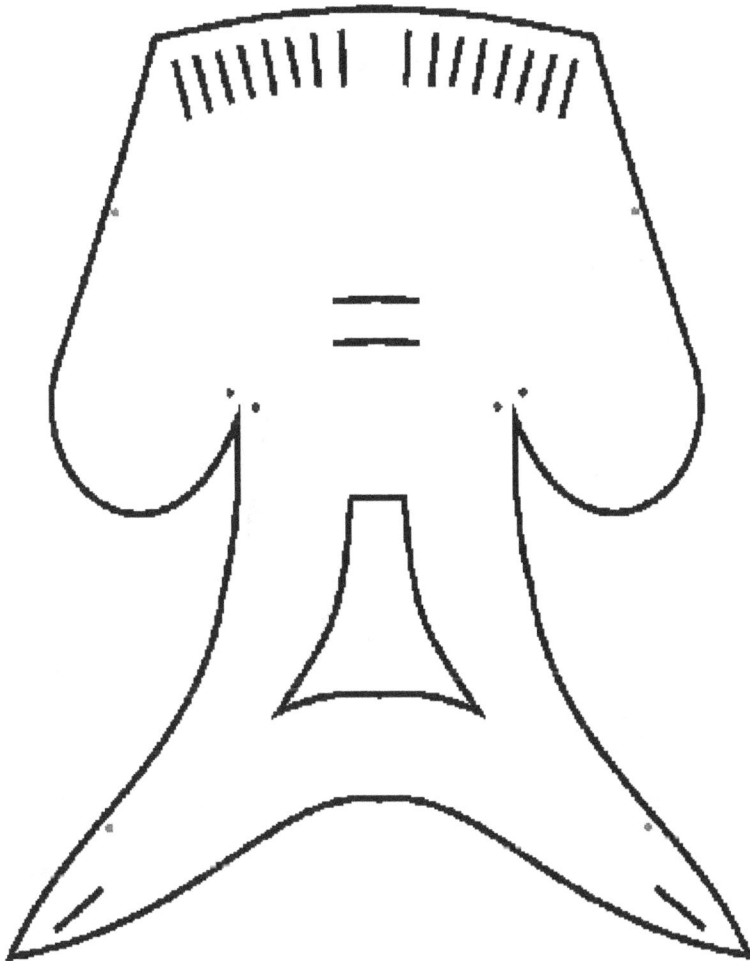

MACHO

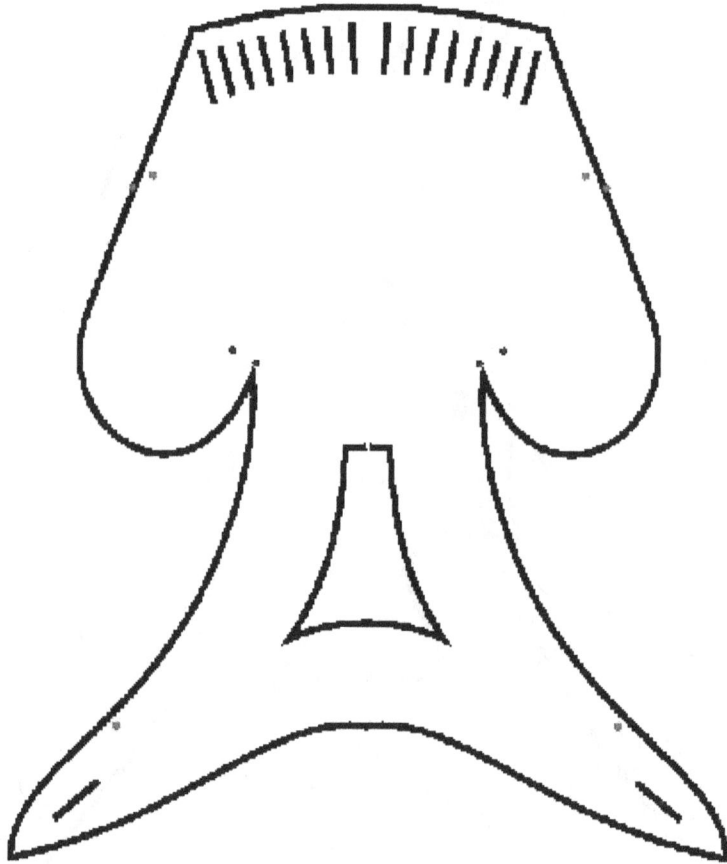

HEMBRA DE GAVILAN

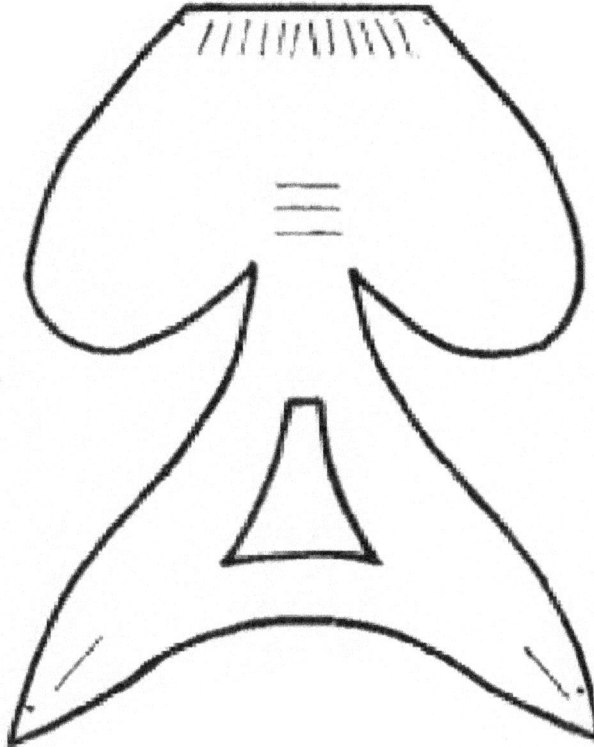

Anglo-indias:

HEMBRA DE AGUILA REAL

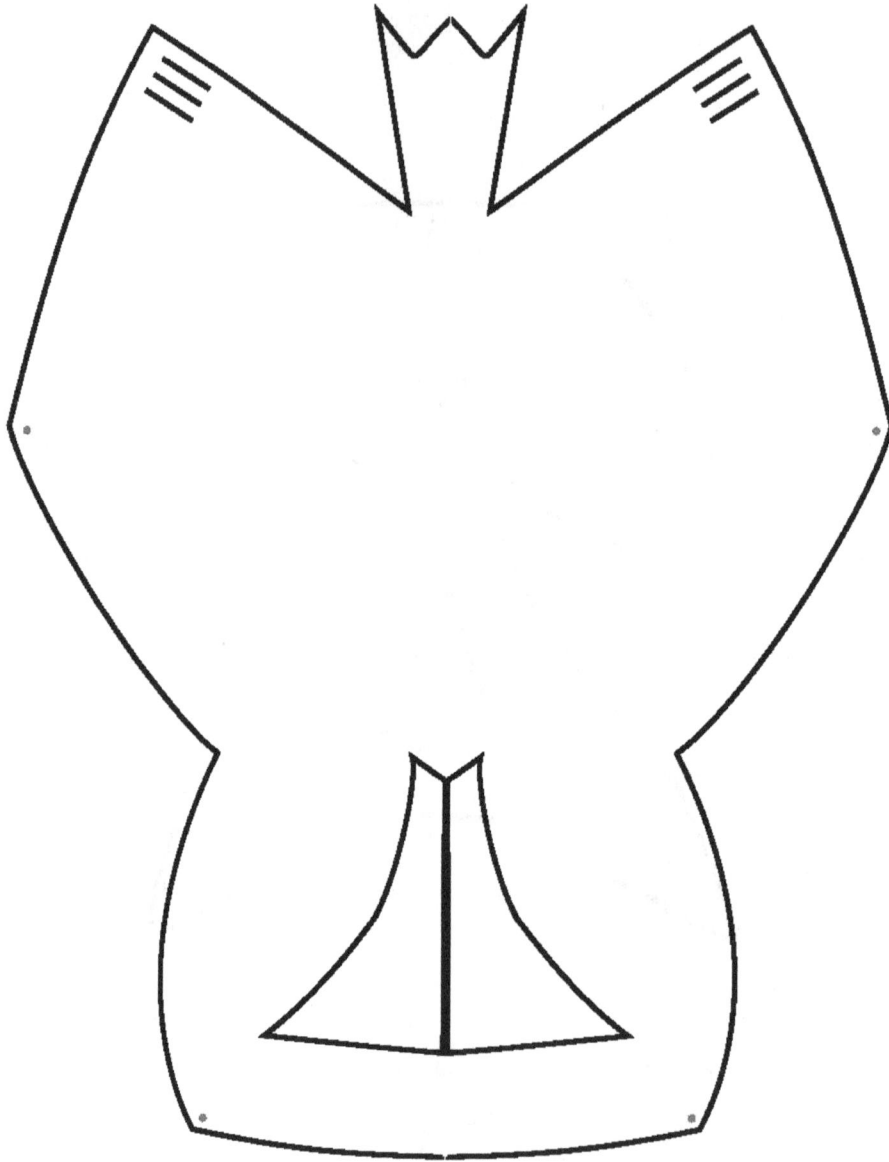

MACHO DE AGUILA REAL

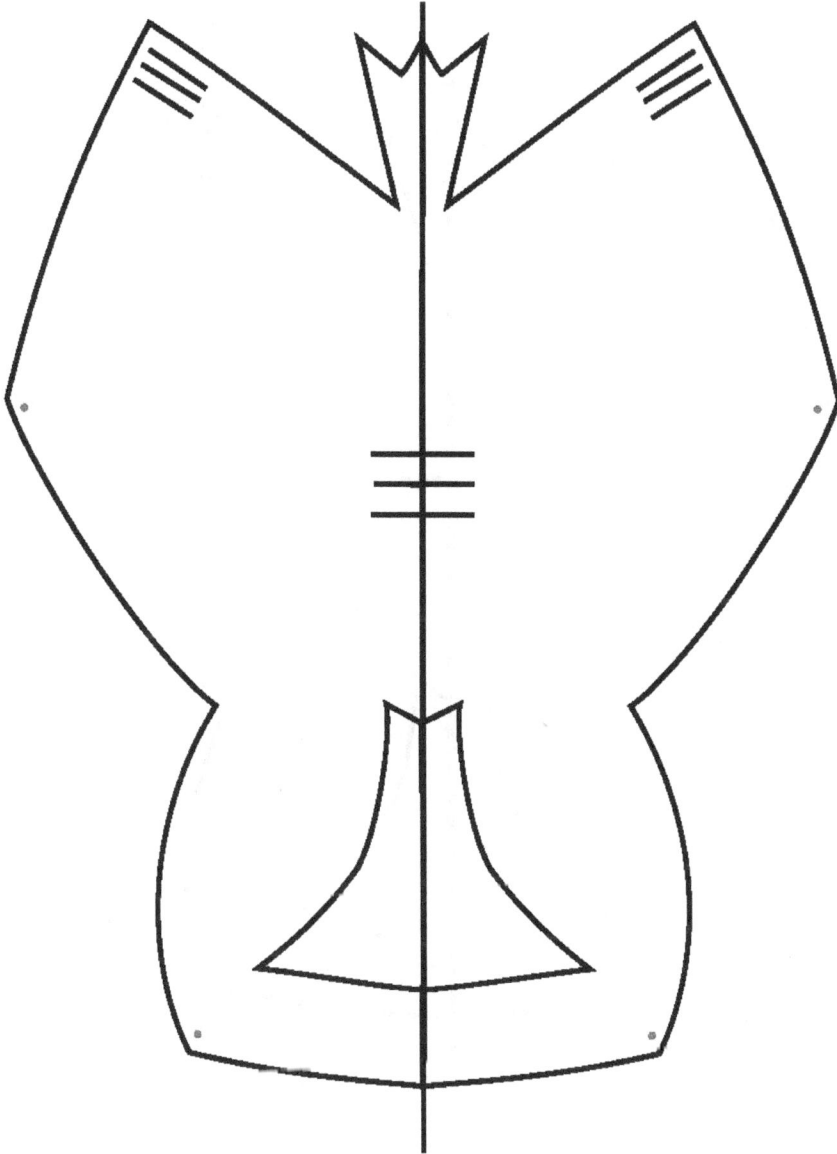

HEMBRA DE GERIFALTE

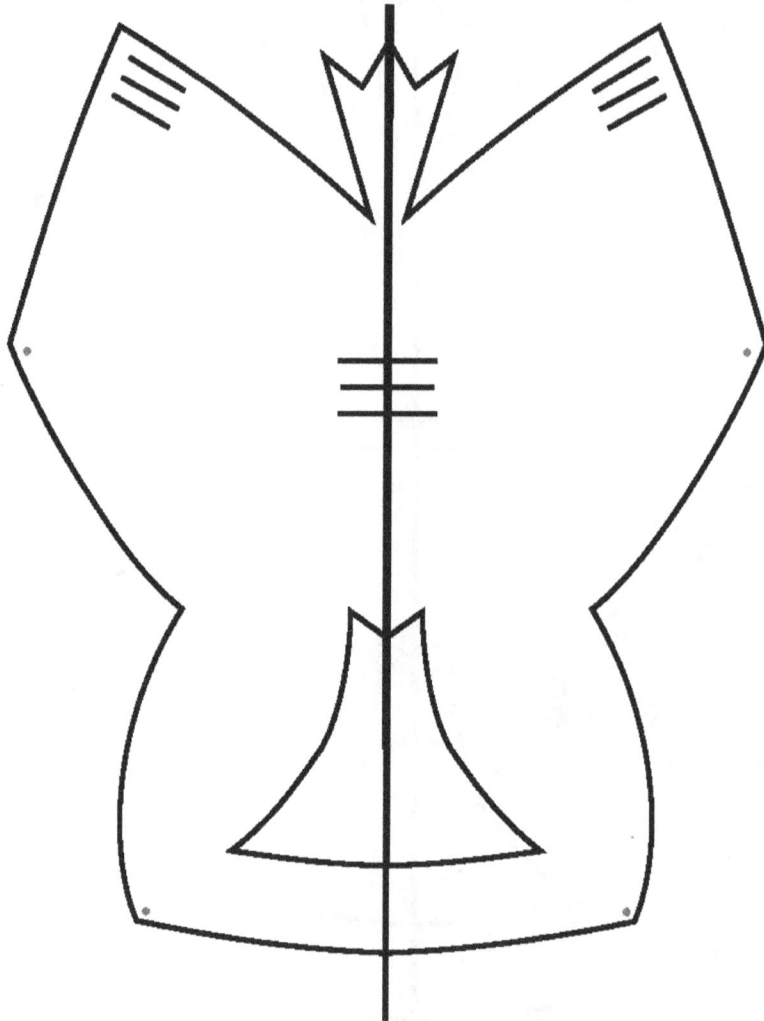

HEMBRA DE SACRE

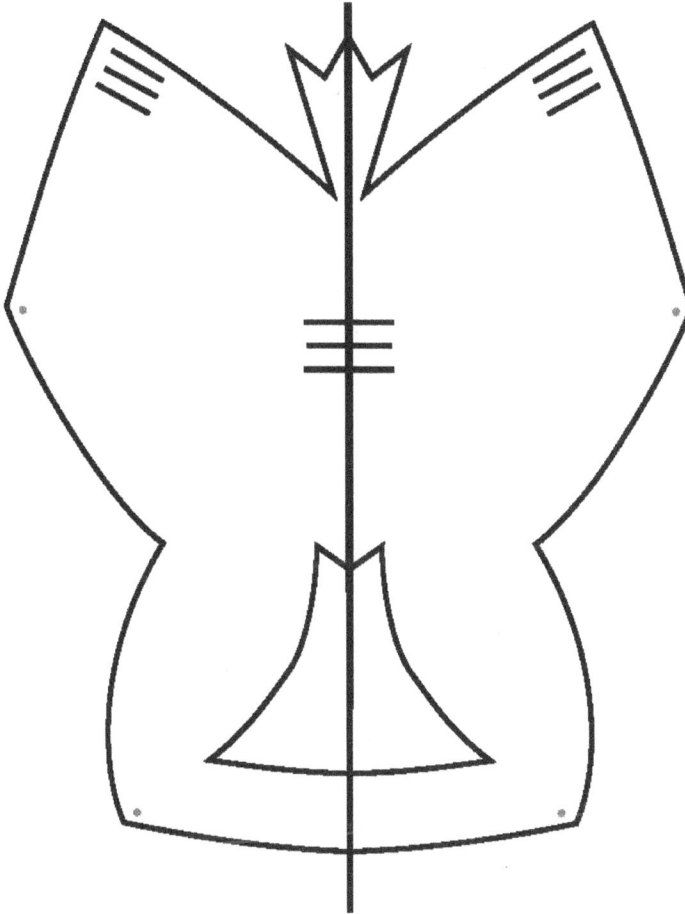

HALCON PEREGRINO

HEMBRA

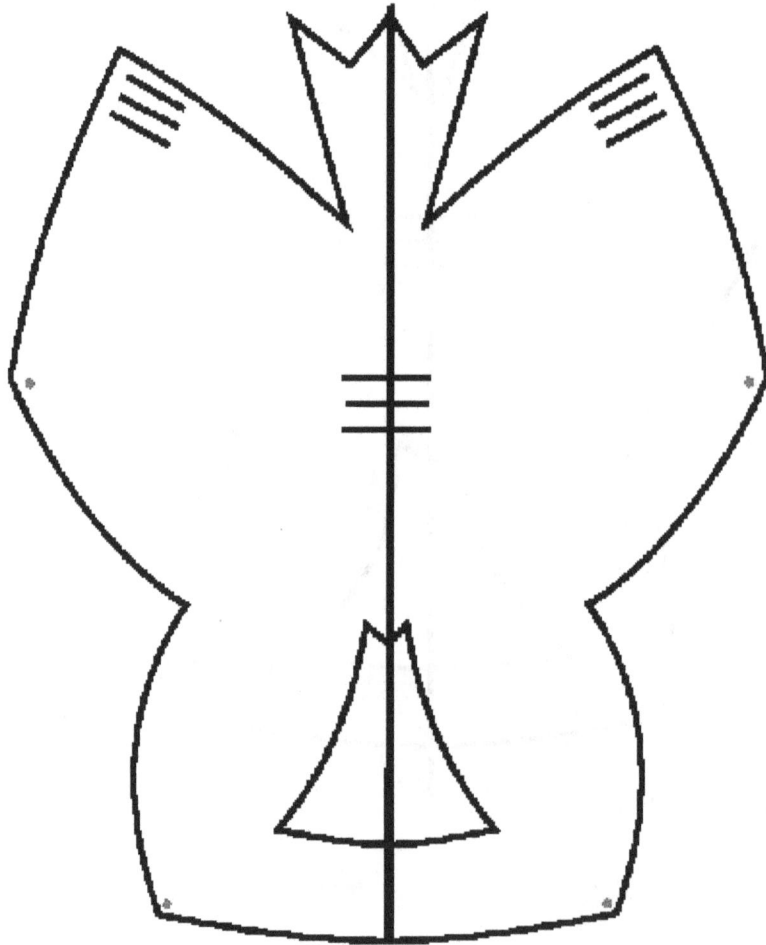

HALCON PEREGRINO

MACHO

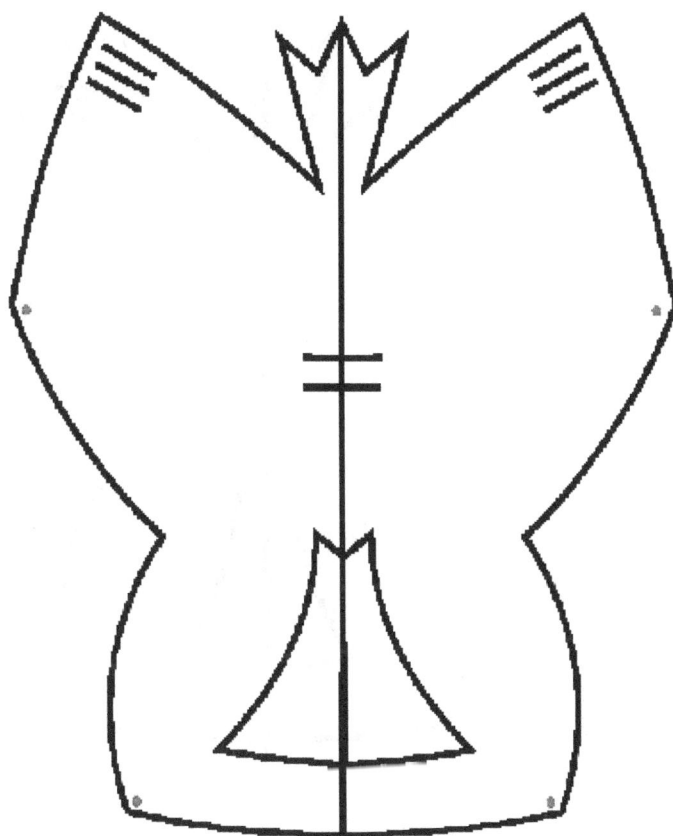

PEQUEÑAS RAPACES

HEMBRA

MACHO

Marroquí: HEMBRA DE AGUILA REAL

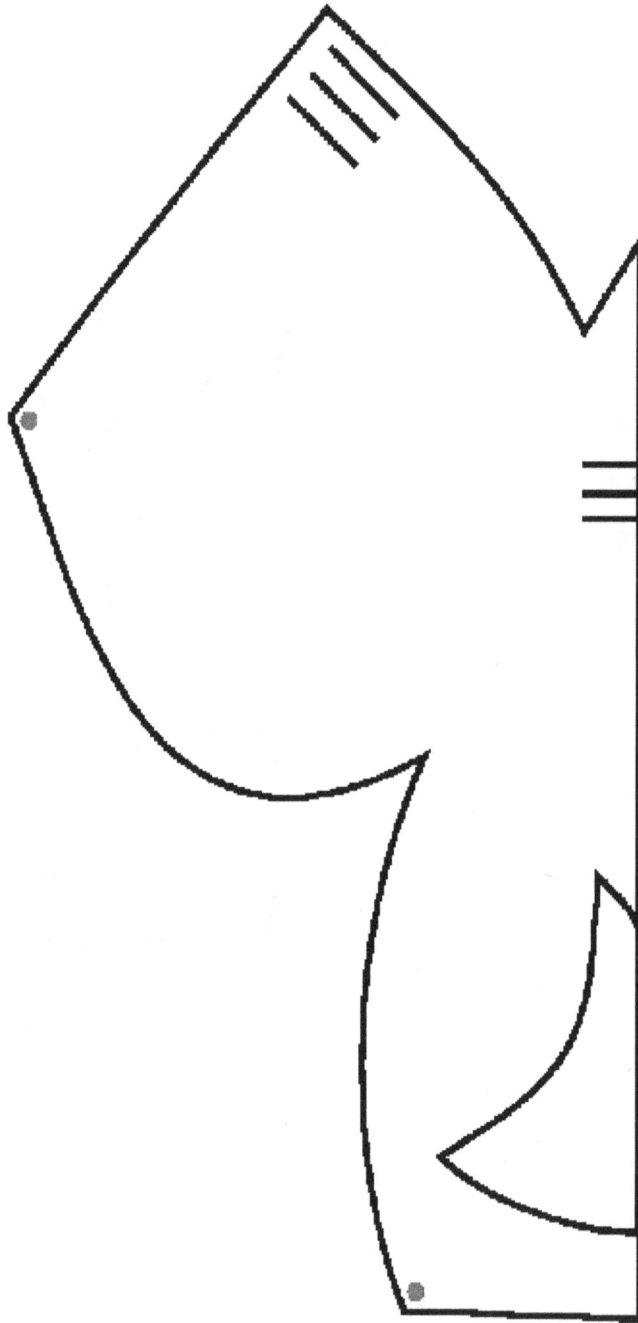

MACHO DE AGUILA REAL

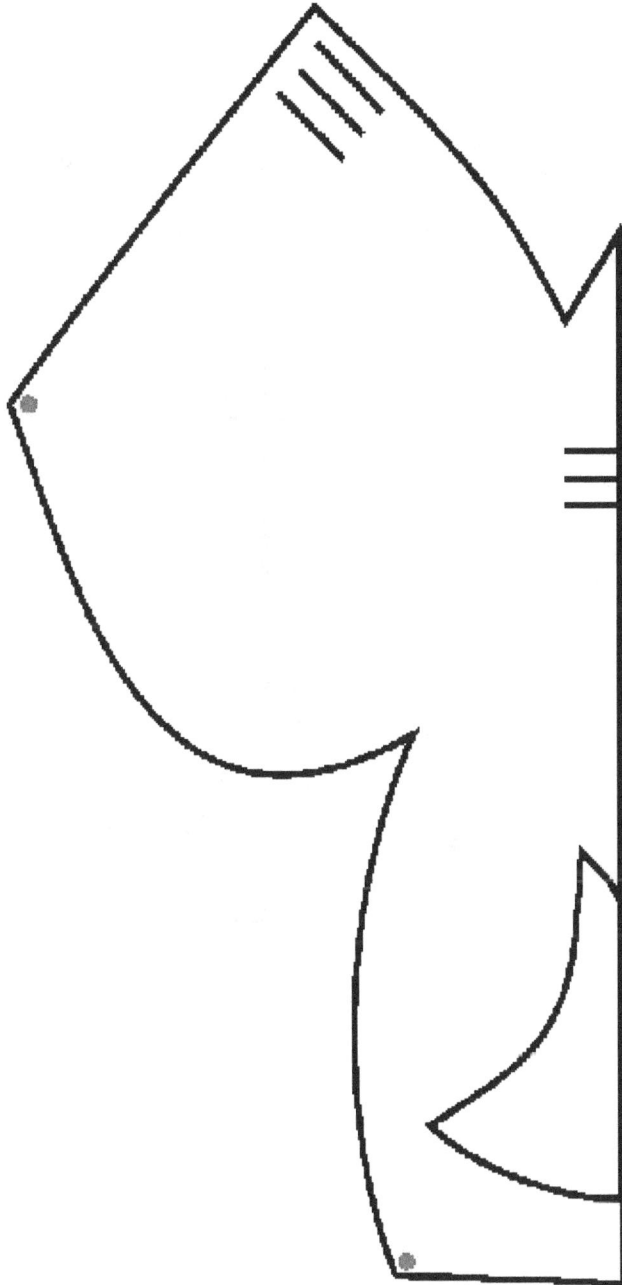

HEMBRA DE GERIFALTE

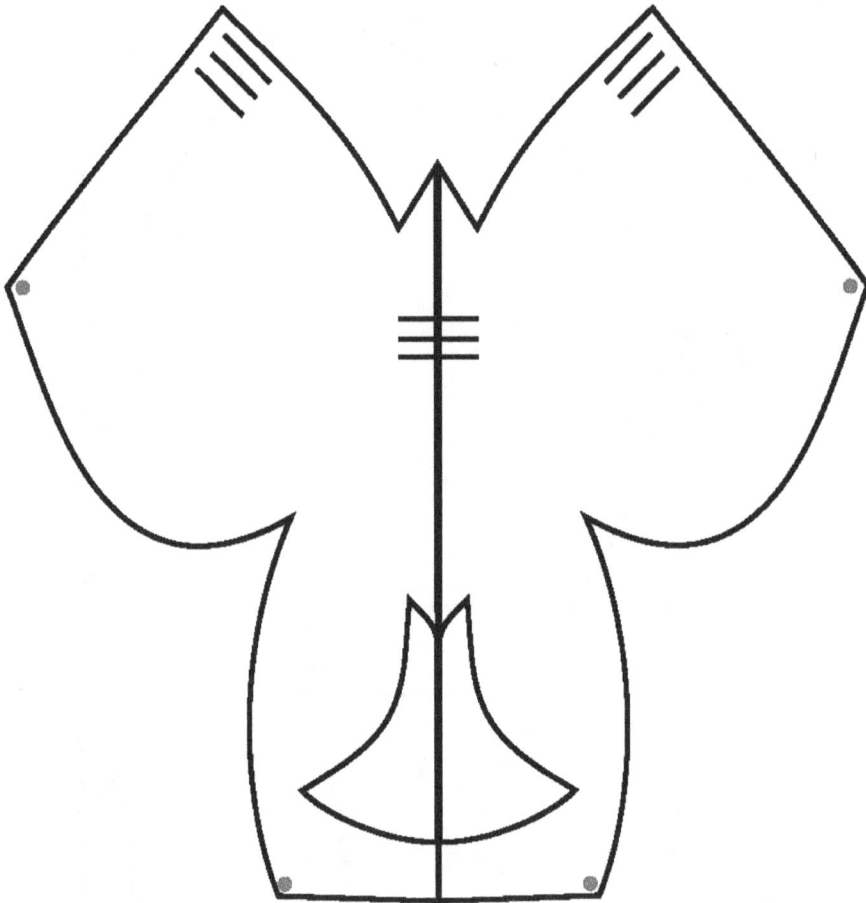

HEMBRA DE SACRE

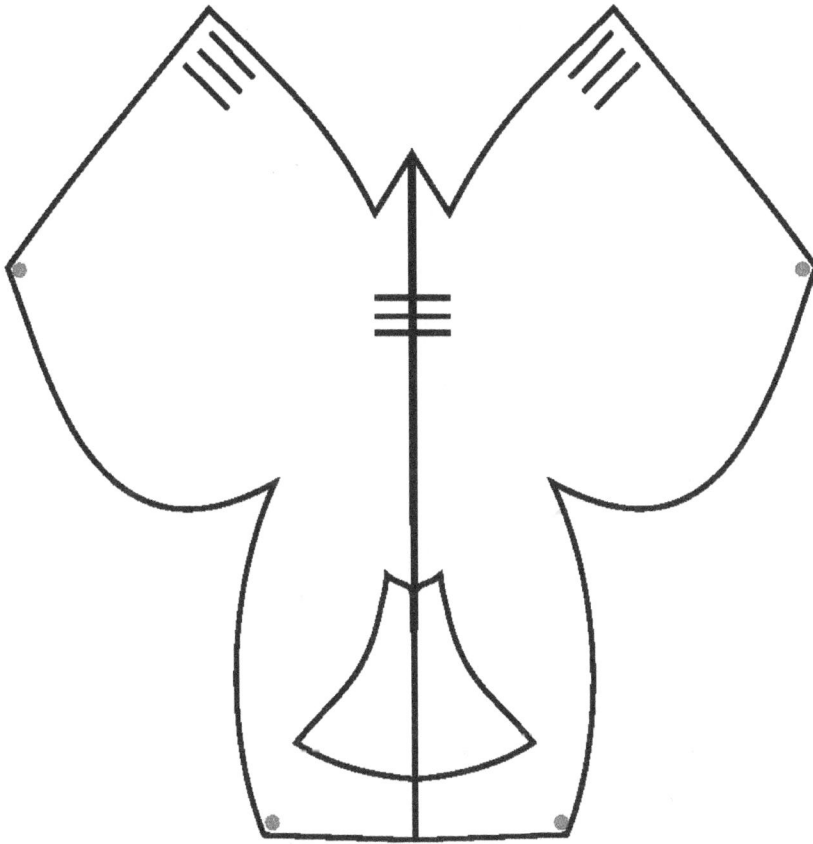

HEMBRA DE PEREGRINO

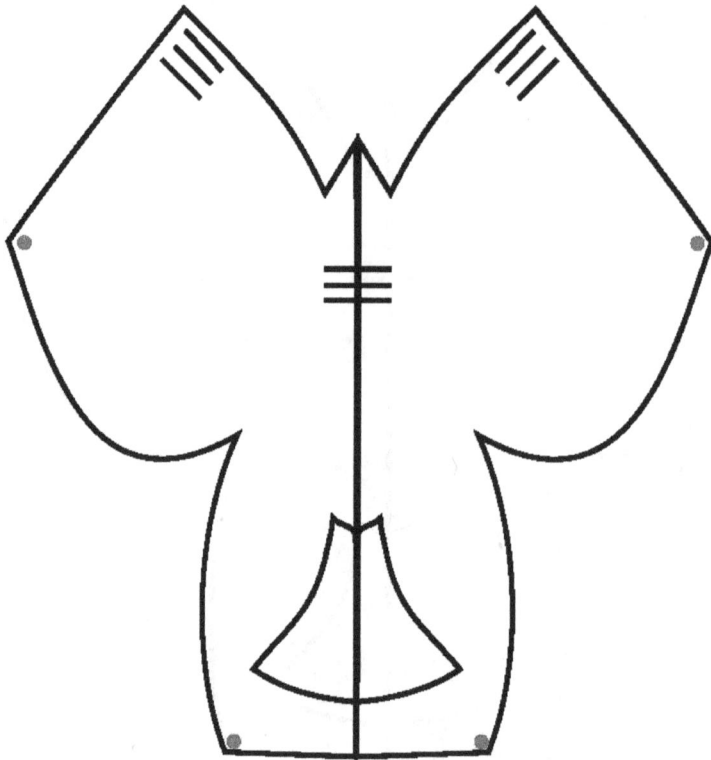

MACHO DE PEREGRINO

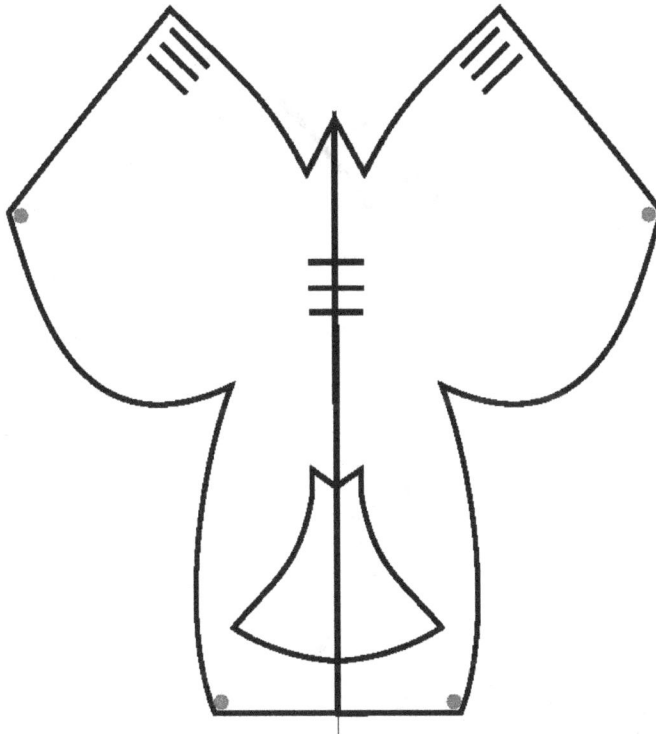

PEQUEÑAS RAPACES

HEMBRA

HEMBRA / MACHO

MACHO

Kirguesa:

HEMBRA DE GERIFALTE

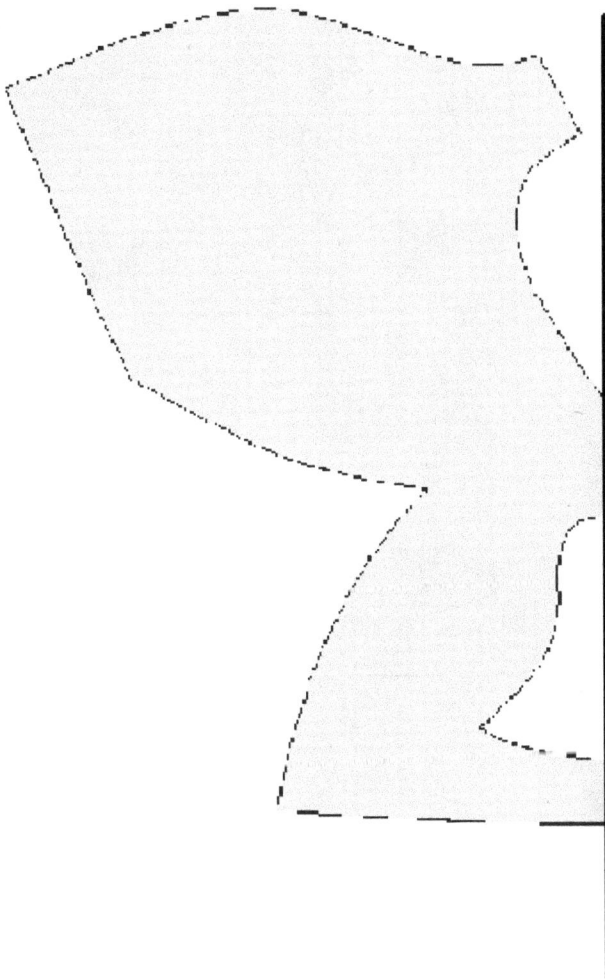

HEMBRA DE SACRE

HEMBRA DE PEREGRINO

PORTA CAPERUZAS

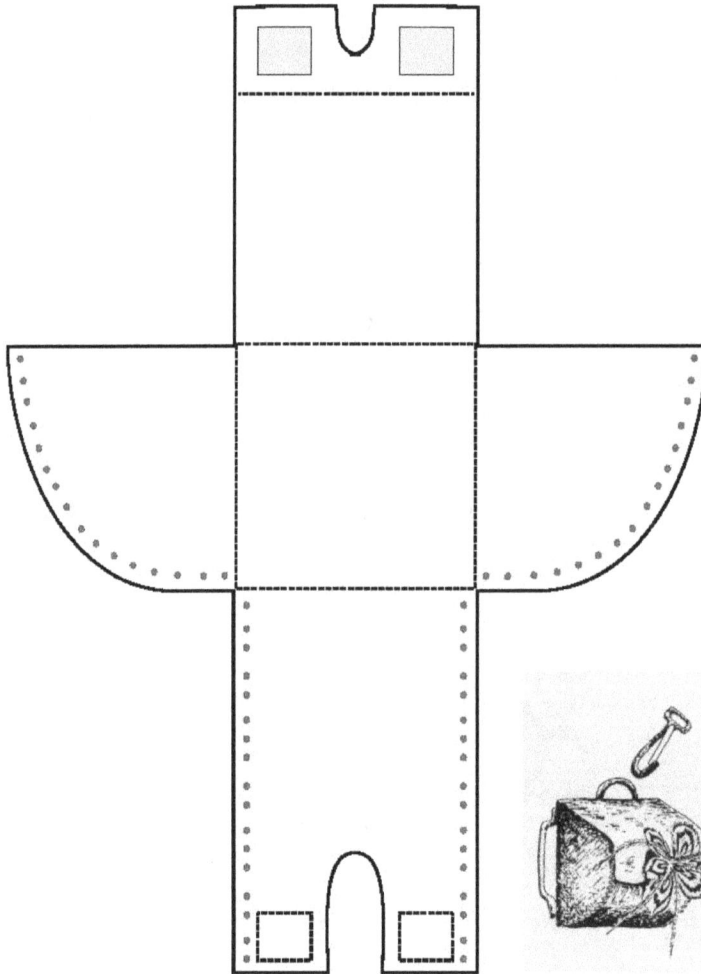

Artesanía para la cetrería

SEÑUELO HERRADURA

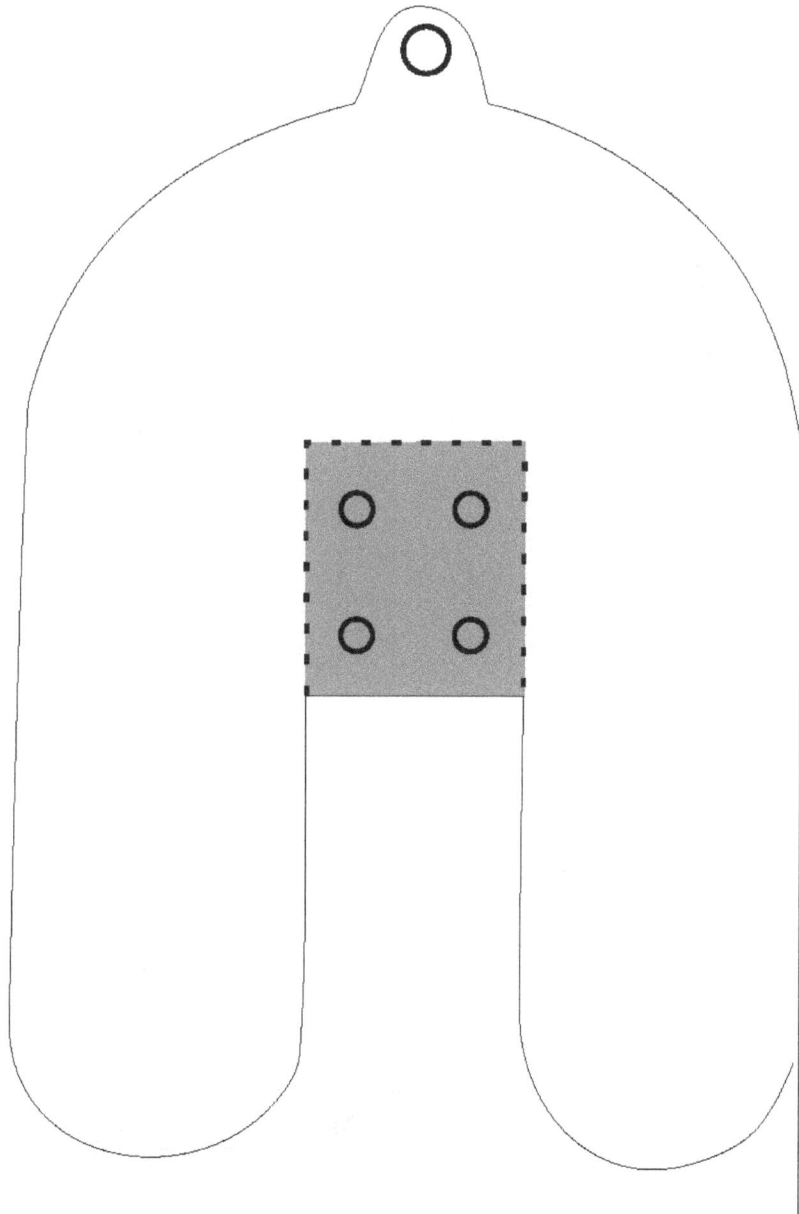

SEÑUELO DE CORAZON

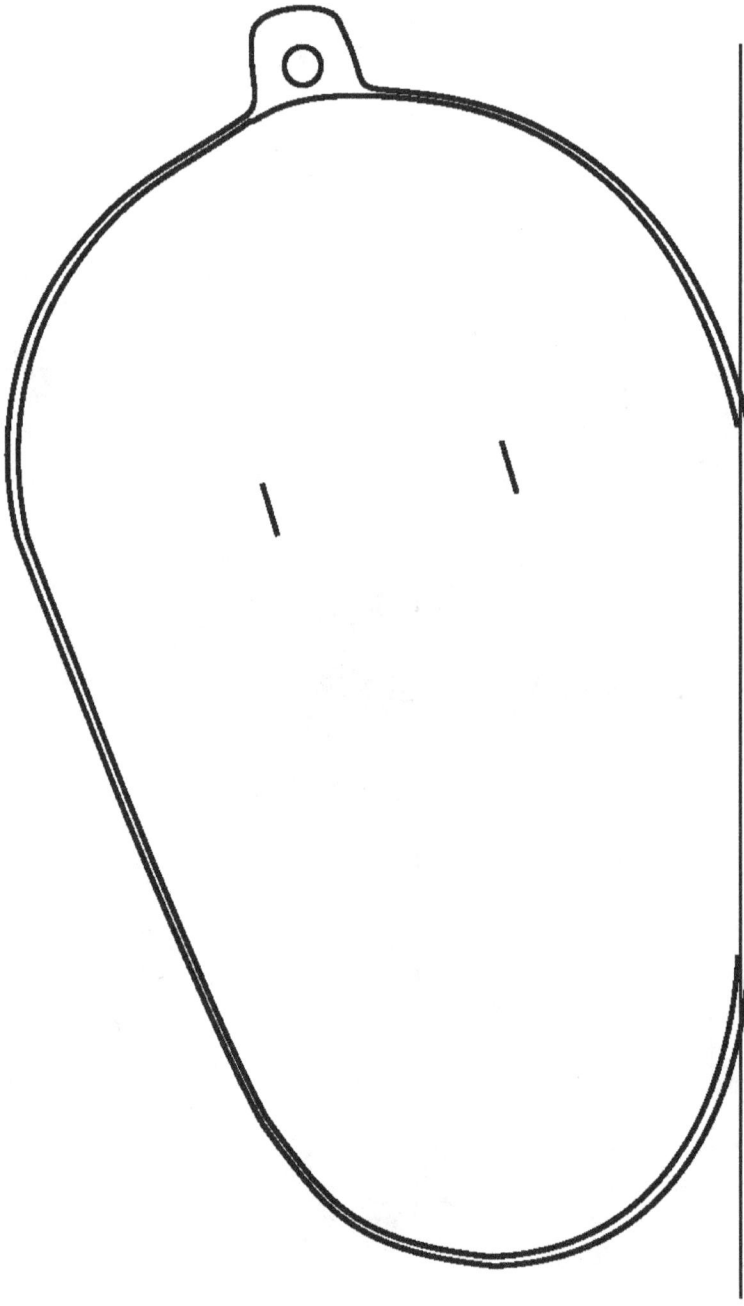

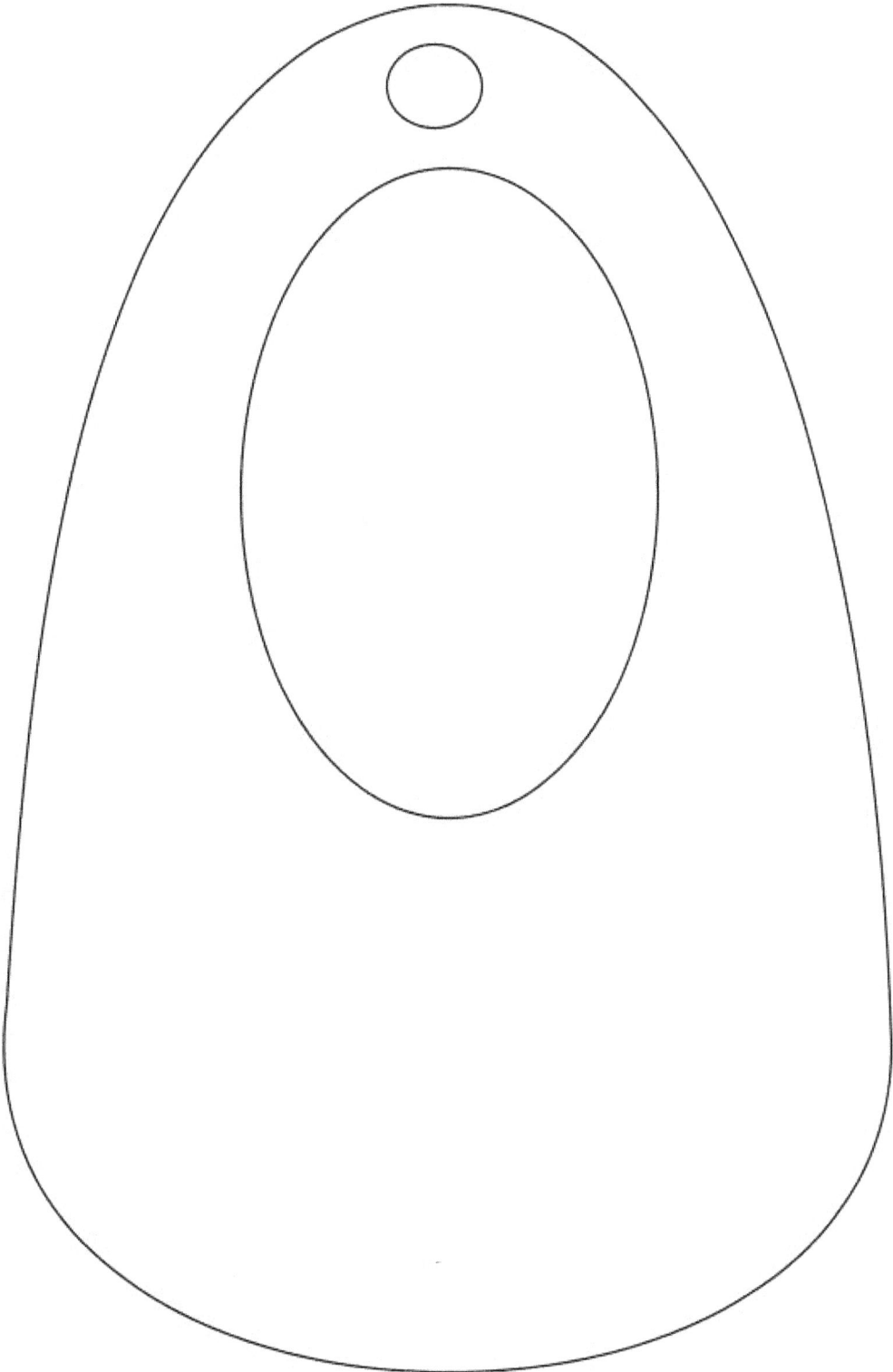

SEÑUELO

SEÑUELO AVE

SEÑUELO AVE TRES PIEZAS

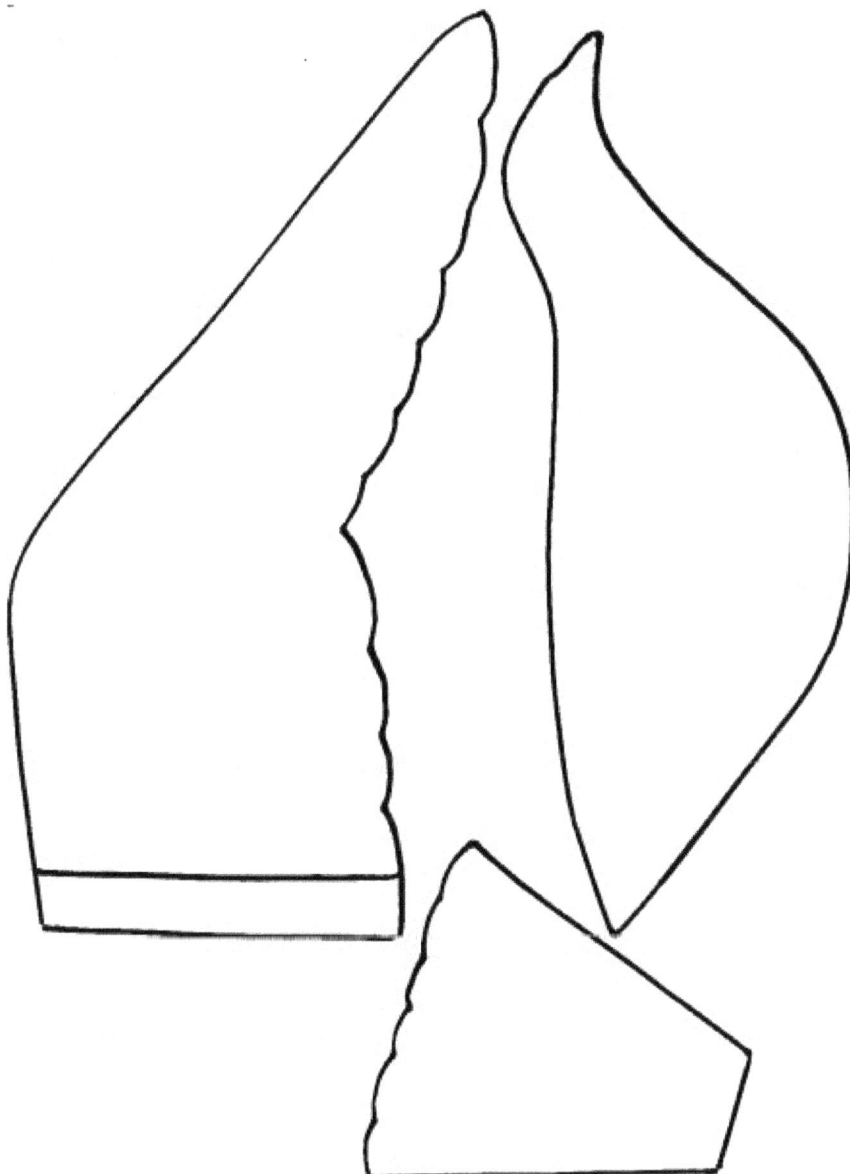

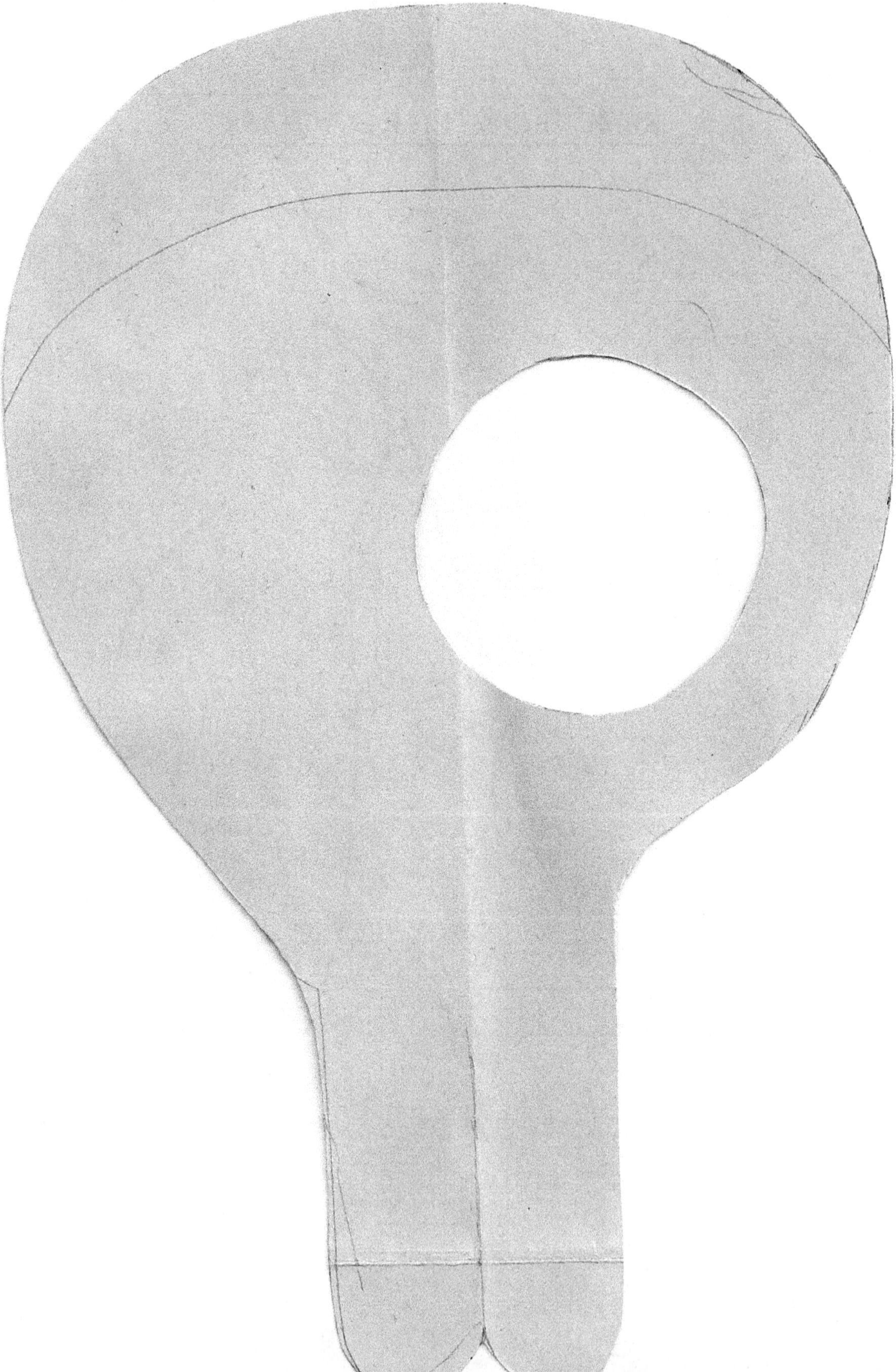

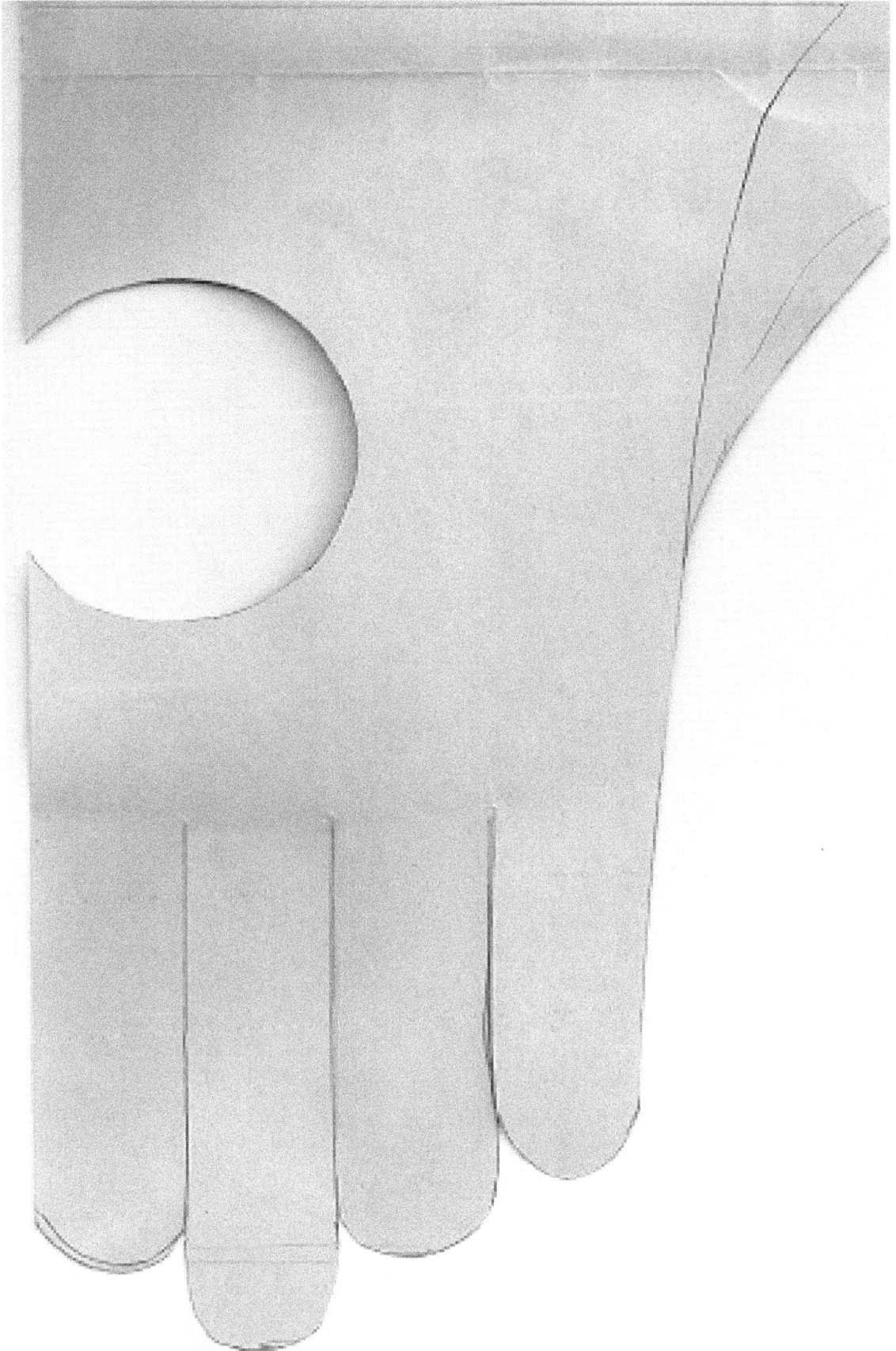

DEDO PULGAR

LENGÜETA INTERDIGITAL

EQUIVALENCIAS DE LOS PATRONES

–AGUILA REAL ♀

–AGUILA REAL ♂

–GERIFALTE ♀ ....PERDICERA ♀

–SACRE ♀ ....GERIFALTE ♂
CALZADA ♀
AZOR ♀
HARRIS ♀
RATONERO ♀
MILANO REAL ♀
PERDICERA ♂

–PEREGRINO ♀ ....SACRE ♂
RATONERO ♂
MILANO NEGRO ♀
MILANO REAL ♂
CALZADA ♂
AZOR ♂
HARRIS ♂

–PEREGRINO ♂...AZOR ♂
HARRIS ♂
AGUILUCHOS ♂ y ♀

–PEQUEÑAS RAPACES ....CERNICALO ♂ y ♀
ALCOTAN ♂ y ♀
ESMEREJON ♂ y ♀
GAVILAN ♂ y ♀

LA MUDA

Características de la muda.

La muda se puede hacer de muchos y diversos materiales. Hay gente que opta por las mudas de obra, otros por las de madera etc. Cada uno la adaptará a sus gustos, preferencias y sobre todo al terreno o espacio del que disponga en función del ave que la ocupará. Por lo que explicaremos las caracteristicas generales de una muda por las que deberiamos guiarnos para empezar la construcción de la misma.

Ante todo debe estar bien orientada para poder proteger y resguardar a nuestra ave de los fuertes vientos, de la lluvia y de las inclemencias del tiempo en general. Pero permitiendo a la vez una buena entrada de sol en determinados momentos del día, como por ejemplo al amanecer cuando nuestra ave disfrutará en su posadero de esos primeros rayos de sol que entren en la muda en los frios dias de invierno.

Puertas: la muda debería disponer de una doble puerta, con una distancia de 1m aproximadamente entre ellas, para evitar que escape nuestra ave en un descuido. La primera puerta podría ser por ejemplo de malla electro soldada de 1cm con funda de goma y la segunda puerta que será la de la muda misma, de malla electro soldada de 1cm con funda de goma y forrada de césped para impedir visión.

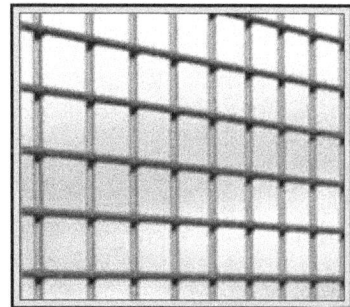

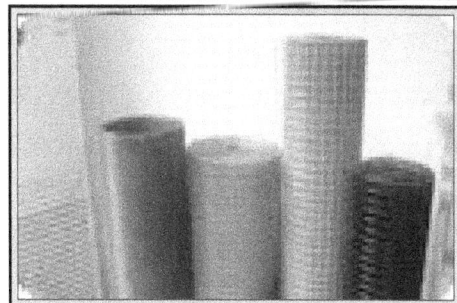

Techo: la mitad del techo debería estar cubierta para permitir a las aves guarecerse y que no penetre el fuerte sol en verano ni las lluvias. Y la otra mitad debería ser de techo "libre" con malla electro soldada de 1cm con funda de goma sobre otra malla de 0.3cm para evitar que el ave trepe por el techo y se destroce la cola.

Paredes: antes de hacer las paredes, deberemos saber si queremos hacer una muda abierta o cerrada. A mi personalmente me gustan mas las mudas abiertas, quedan mas estéticas y lucen mas. Pero de elegir este tipo de mudas sería conveniente poner almenos una pared cerrada de obra (lo suyo serían dos paredes para poder resguardar al ave mejor del viento y demás inclemencias metereológicas y facilitarnos el montaje del resto de paredes). Si decidiéramos hacerla cerrada por completo no sería mas que hacer una habitación, teniendo en cuenta el techo "libre" y dejar alguna ventana para permitir una correcta ventilación. Si por el contrario decidiéramos hacerla abierta, la ventilación no sería un problema en absoluto, y en este caso para las "paredes" abiertas podriamos usar posters de madera para hacer los marcos y adaptar una malla a ellos. Otra mejor alternativa a la malla para las "paredes de malla" serían los barrotes ya que el ave no podrá trepar por ellos, pero estos son mas costosos y difíciles de adaptar si no se tiene experiencia. Si nos decidiéramos por la malla, el tamaño de sus cuadros debería ser el mínimo para evitar que el ave trepe y se destroce las plumas, sobre todo la cola. También podriamos cubrir la malla con algun otro material para que no pueda trepar o simplemente para quitar visón al ave.

Suelo: el suelo puede tener una base de césped artificial, de gravilla fina, ser de tierra natural, de hormigón etc. esta claro que cada uno ofrece unas características. Deberiamos decantarnos por el mas higiénico y fácil de limpiar. Yo suelo utilizar el natural de tierra ya que mis mudas están en pleno campo y no me tengo que complicar con el suelo. Pero si no disponemos de un campo y la tuviéramos que hacer en cualquier otro sitio (una terraza de un piso, en un jardin...) podriamos usar la gravilla, una capa de unos 5-10cm, este material filtra las heces de nuestra ave y cada X tiempo podremos retirarlo y poner gravilla nueva. Si disponemos de una manguera a presión o similar podriamos usar el cesped artificial, ya que con esta lo podriamos limpiar facilmente.

Posaderos: los posaderos deberían ser de madera tratada para soportar la intemperie, forrados con astroturf, para permitir el buén agarre del ave y una correcta ventilación debajo de sus patas (para evitar posibles enfermedades, p.e.: clavos). Podremos colocar varios posaderos dependiendo del tamaño de la muda, uno debería estar en la zona de mayor ventilación de la muda y donde pegan los primeros rayos del sol, otro podría estar cerca del baño por ejemplo, otro en un lugar resguardado de la muda y a la sombra etc. Si no disponemos de mucho espacio y solo pudieramos poner uno, este debería estar siempre a la sombra. Y tendriamos que sacar nosotros al ave para tomar el sol al jardín etc.

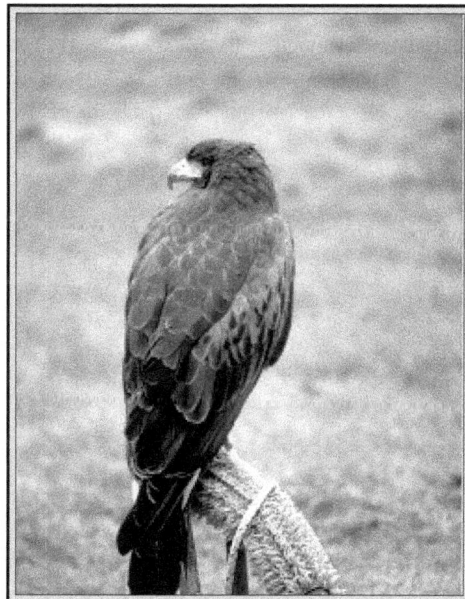

harris enjardinado.

Ventana para la comida: si no queremos tener que entrar siempre en la muda para dar de comer al ave, como por ejemplo en los periodos de muda de la misma, dispondremos de una ventana de unos 15x15cm para introducir la comida a traves de esta. También podriamos usar un codo de tubería para la introducción de la comida. Usemos el método que usemos, lo importante es que la comida caiga en una bandeja dentro de la muda y que esta bandeja tenga su centro de malla para que sea mas higiénica para que no acumule sangre y permita caer los pequeños trozos de comida que el ave no coma.

Baño: el baño será amplio, para que el ave se pueda bañar sin problemas y tendrá unos 10-15cm de alto (esto irá en proporción a nuestra ave). Podriamos hacer una pequeña ventana para permitir su extracción para ser llenado, limpiado y desinfectado cuando sea necesario sin tener que entrar dentro de la muda.

Teniendo esto en cuenta, ya podremos empezar a diseñar nuestra muda. A continuación os pongo un ejemplo de una muda individual para un solo ave, en caso de disponer de poco espacio. Las medidas las adaptariamos a nuestro ave.

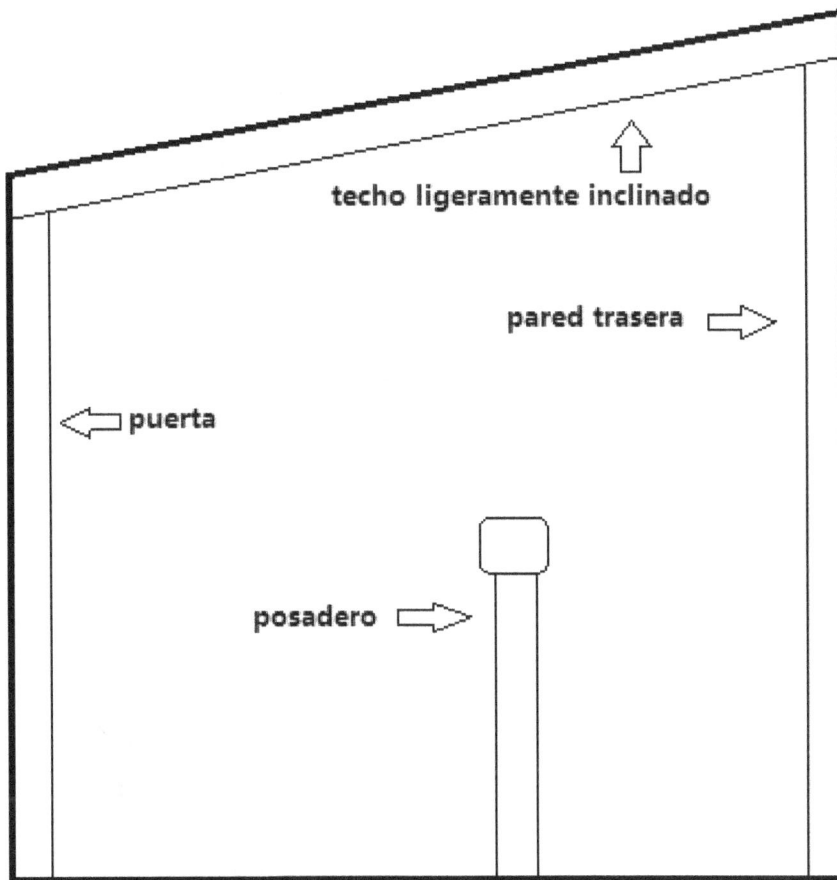

techo ligeramente inclinado

pared trasera ⟹

⟸ puerta

posadero ⟹

Aquí os muestro un plano exterior de una muda amplia, donde se aprecia el techo con una parte cerrada y otra abierta. Dos de las paredes son de obra y las otras dos de malla forrada con cesped. En la vista lateral solo esta forrada hasta media altura para permitir una correcta ventilación.

Vista lateral

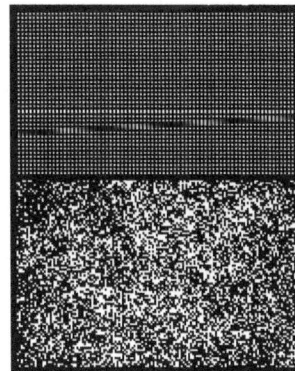

Vista de arriba

3m

2m

1m

Vista de frente

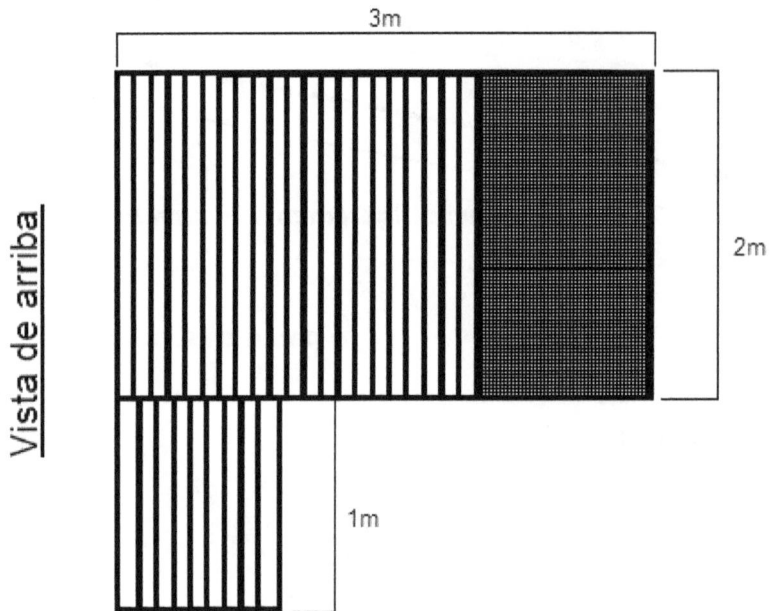

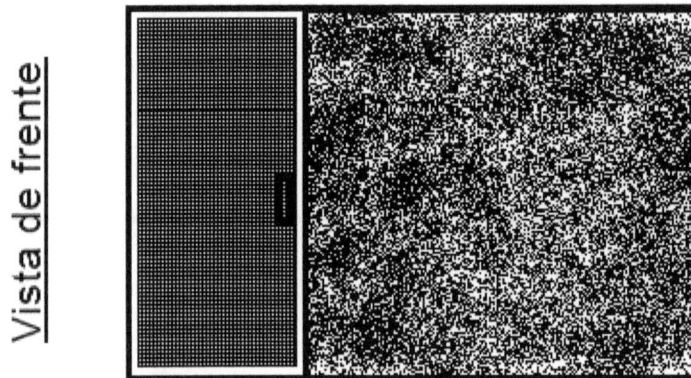

Aquí una vista interior de la muda, donde se termina de apreciar mejor donde están colocada las paredes de obra y las de malla, así como las puerta.

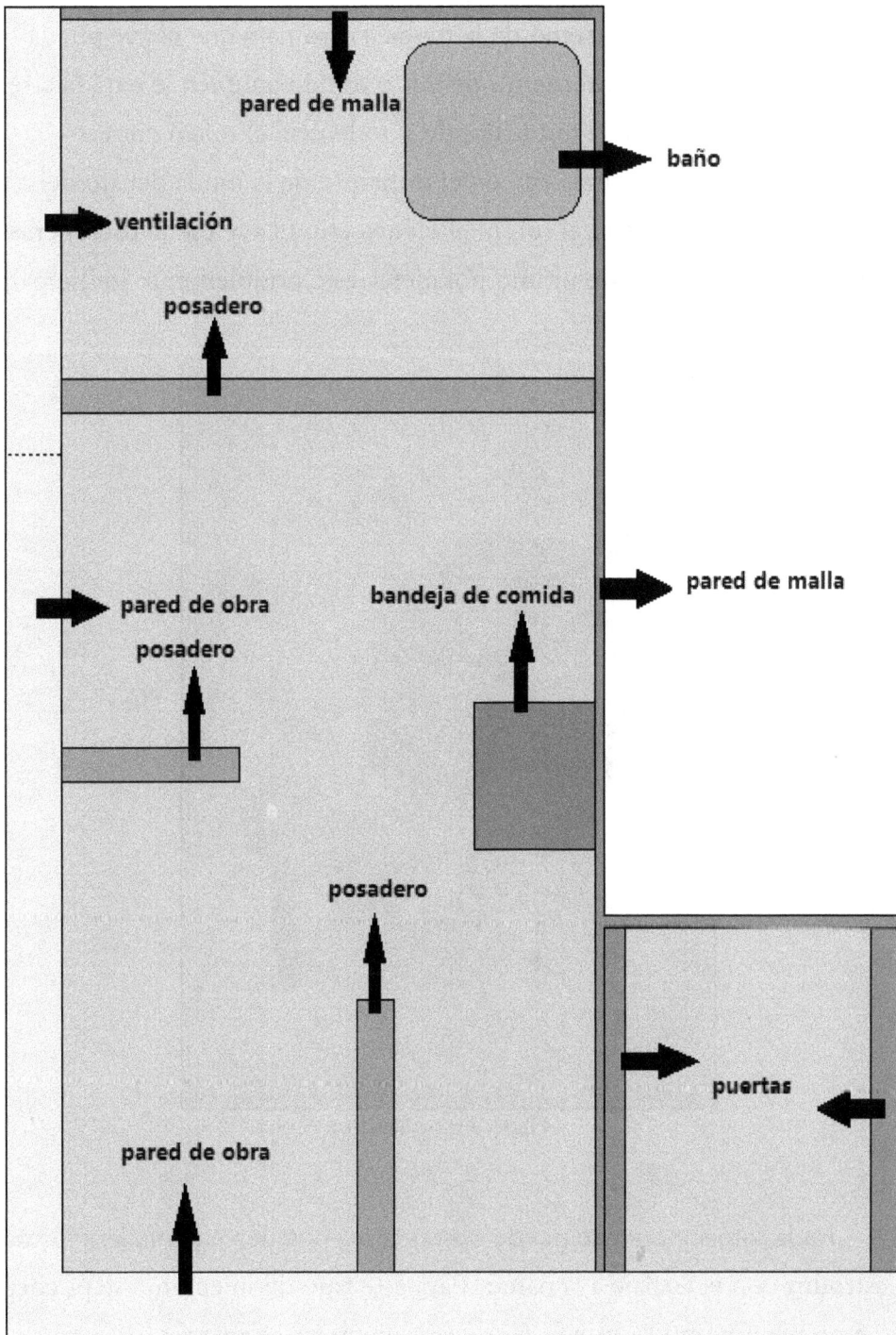

pared de malla

baño

ventilación

posadero

pared de obra

posadero

bandeja de comida

pared de malla

posadero

pared de obra

puertas

También se puede apreciar la colocación del baño en un lugar ventilado y soleado. En cuanto a los posaderos, uno está colocado estrategicamente de un extremo de la muda a otro para que el ave pueda tomar el sol en cualquier momento del día y donde también le dará el aire. Otro está por la mitad de la muda donde solo le dará el sol en ciertos momentos del día y el último está en el principio de la muda debajo del techo, donde nunca le dará el sol, ni el viento etc. El ave estará totalmente resguardada de todo en este último posadero (este posiblemente lo use para dormir por las noches).

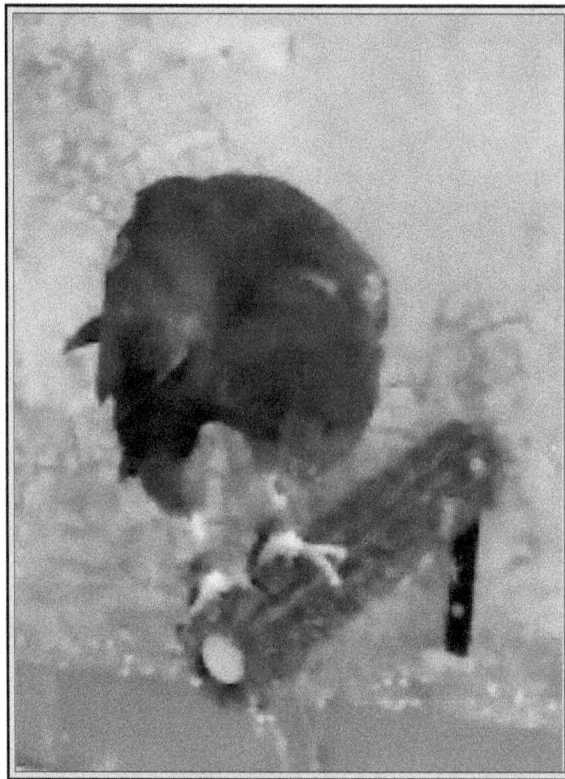
Harris limpiadandose el pico.

En la foto superior se puede observar un posadero de madera forrado de astroturf con el anclaje a la pared. Para este tipo de sujeciones se pueden usar esquineras como las que se usan para sujetar las estanterías.